AI의 과거, 현재, 미래

인공지능총서

인공지능 시대입니다. 기계가 인간의 인지를 대신하고, 사물이 인간을 통하지 않고 다른 사물과 직접 커뮤니케이션합니다. 이에 따른 인간 삶과 문명 변화를 정확히 이해·예측·대응하는 것은 이 시대 우리 모두의 과제입니다. 인공지능총서는 인공지능 기술과 환경의 여러 주제를 10가지 키워드로 정리합니다. 관련 개념과 이론, 학계와 산업계의 쟁점, 우리 일상의 변화를 다룹니다. 인간과 기술의 현재, 미래를 세심히 분석합니다.

일러두기

- 인명, 작품명, 저서명, 개념어 등은 한글과 함께 괄호 안에 해당 국가의 원어를 병기했습니다.
- 외래어 표기는 현행 어문규정의 외래어표기법을 따랐습니다.

처음이세요?

전문가세요?

AI의 과거, 현재, 미래

김명철·곽승우

대한민국, 서울, 커뮤니케이션북스, 2025

AI의 과거, 현재, 미래

지은이 김명철·곽승우
펴낸이 박영률

초판 1쇄 펴낸날 2025년 7월 14일

커뮤니케이션북스(주)
출판 등록 2007년 8월 17일 제313-2007-000166호
02880 서울시 성북구 성북로 5-11
전화(02) 7474 001, 팩스(02) 736 5047
commbooks@commbooks.com
www.commbooks.com

ISBN 979-11-430-0116-0 03500

책값은 뒤표지에 표시되어 있습니다.

차례

AI의 역사와 미래

컴퓨터의 역사는 인간의 정신노동 중에서도 비교적 단순한 계산에서 시작하여 최근에는 전문가들이 해 왔던 보다 복잡한 지능적인 일들(번역, 글쓰기, 운전, 프로그래밍 등)을 일반인 수준을 넘어 전문가 수준을 넘나드는 AI까지 개발되어 왔다. 더욱이 최근의 개발 속도로 유추하건대, 근미래에는 인간의 지능을 뛰어넘는 슈퍼 AI가 등장할지도 모른다는 기대와 우려가 공존하고 있다. 그럼에도 인류가 로봇을 포함한 AI와 상생하기 위한 여러 시도도 있으니, 이를 살펴봄으로써 좀 더 바람직한 AI의 미래를 그려 볼 수 있을 것이다.

길지 않은 인공지능의 역사는 크게 3차 부흥기로 나눌 수 있는데, 1950년대 인공지능 용어의 탄생부터 1차 좌절을 맞는 1960년대까지의 1차 부흥기, 1980년대에서 1990년대 중반까지의 전문가 시스템을 필두로 한 2차 부흥기, 2010년 이후 딥러닝을 필두로 제4차 산업혁명과 함께 현재도 진행 중인 3차 부흥기로 나누어 볼 수 있다.

또 인공지능 기술은 여러 측면에서 분류해 볼 수 있는

데, 목적론 측면에서 '강인공지능(Strong AI)'과 '약인공지능(Weak AI)'으로 구분할 수 있다. 이는 존 설(John R. Searle)의 논문(Searle, 1980; 1999)에서 비롯되었는데, 설이 말하는 강인공지능은 인간의 지능과 유사하거나 더 나은 지능을 말하고, 약인공지능은 특정 문제의 해결을 위하여 필요한 지능을 말한다. 약인공지능은 '좁은 인공지능(Narrow AI)' 또는 '응용 인공지능(Applied AI)'이라고도 불린다. 약인공지능은 철학적 측면에서 볼 때 기계가 지능을 보여 줄 수는 있지만 꼭 인간이 가지고 있는 정신, 마음, 의식 등은 가질 필요가 없다는 것이다. 여기에 인간보다 우수한 인공지능을 슈퍼 인공지능(Super AI)이라고 분류하기도 하는데, 슈퍼 인공지능은 자의식, 자가 향상, 초인적 능력, 과학적 창조성, 사회적 감성을 가지고 스스로 새로운 알고리즘을 생성할 수 있는 능력을 가진다. 이에 대해 미래학자인 레이 커즈와일(Ray Kurzweil)은 기술이 인간을 초월하는 특이점(Singularity)이 2050년경에 올 것이라 예측하고 이때가 되면 인공지능이 폭발적으로 진화할 것이라고 내다보았다.

설은 '중국인의 방(Chinese room)' 문제를 예로 들어 강인공지능과 약인공지능을 구분했다. '중국인의 방' 문제는 사람이 방문 밑으로 중국어로 쓰인 쪽지를 밀어 넣어 주면 방 안에서 누군가 그걸 읽고 적정한 답을 중국어로 적어 밖으로 내보내 준다고 할 때, 방 안에서 그 일을 하는 사람이나 기계가 정신이나 마음 또는 의식 등을 가지고 중국어를 '이해'해야 할 필요가 있느냐 하는 것이다. 즉 중국어를 모르는 사람이 방 안에서 잘 짜인 알고리즘에 따라 답을 내보내 줄 수도 있다. 그러면 방 안의 사람이나 컴퓨터가 중국어를 이해하지 못했더라도 밖에서는 적정한 답을 얻을 수 있다. 이처럼 기계가 보통 사람들이 하는 것처럼 '이해'하지 않고도 그 작업을 수행할 수 있다는 것이다. 즉 기계가 정신이나 마음 또는 의식 등을 가지지 않고도 지능적으로 작업을 수행할 때 필요한 지능을 '약인공지능'이라 했다. 반면, 사람 또는 그 이상으로 정신이나 마음 또는 의식 등을 가지고 지능적 작업을 수행할 때 필요한 지능을 '강인공지능' 또는 '슈퍼인공지능'이라고 했다. 최근에는 '강인공지능'이란 용어 대신 AGI(Artificial General Intelligence, 인공 일반 지능)라는 용어를 더 많이 사용하여 인간과 같은 수준의 인공지능을 말하기도 하는데, '강인공지능'과 거의 동일한 개념이라고 할 수 있다.

한편, 인공지능을 방법론 측면에서 분류하면 계산 모

델(Computational Model)과 연결 모델(Connection Model)로 분류할 수 있다. 계산 모델은 인간의 뇌가 개념과 정보를 기호로 저장하고 수학적, 논리적 계산에 의해 문제를 해결하거나 사고한다는 철학적 관점에서 이성(Rationality, Reasoning, Logos) 구현이 목표가 된다. 즉 계산 모델 관점의 인공지능은 무엇(What)을 해결할 것인지가 중요하며, 인공지능 역사의 1, 2차 부흥기에 주로 시도되었다. 반면, 연결 모델은 인간의 뇌가 수많은 뉴런과 이들의 시냅스 연결에 의해 인식하고 기능한다는 생물학적 관점에 기반한다. 즉 연결 모델의 목표는 뉴런이 어떻게 연결되고 활성화되느냐에 따라 외부 세계에 대한 감각, 사실을 종합하는 인식, 추상적 사고, 감정과 마음까지도 결정한다는 감각(시각, 청각, 촉각 등) 구현이 된다. 무엇을 해결할지보다 어떻게(How) 해결하는지가 중요하며, 3차 부흥기 이후에 활발히 시도되고 있다. 그러나 실제 인간의 뇌는 위 두 기능을 모두 수행하는데, 생물학적 뉴런 중에 개념 뉴런은 신경망 안에 구현된 일종의 기호라고 볼 수 있다(유신, 2014).

이와 같이 인공지능의 분류를 다시 요약하면 다음과 같다. 목적론 측면으로는 약인공지능, 강인공지능, 슈퍼인공지능이 있는데, 약인공지능은 인간이 직접 설계하고, 지도 학습, 단일 기능 위주로 확장에 어려움이 있다. 반면 강인공지능은 스스로 학습할 수 있고 인간 수준의 범용 지능을 목표로 하며 확장이 용이하다는 특징이 있다. 슈퍼 인공지능은 인간보다 더 우수한 지능을 목표로 하고 있다. 또 인공지능을 방법론 측면으로 분류한 계산주의는 철학적 관점에서 기호로 저장하여 수학, 논리적 계산을 활용한다. 반면 연결주의는 생물학적 관점에서 인간 뇌의 뉴런과 연결을 모방하는 데 중점을 두고 있다.

인간의 지능과 인공지능을 비교한 '모라베크의 역설(Paradox)'이 있는데, 체스 경기와 '사람처럼 걷기' 두 가지 임무 중 어느 것이 더 어려울까? 사람에게는 체스가 더 어렵게 느껴지지만, 인공지능에게는 사람처럼 걷는 것이 더 어렵다. 그 이유는 체스 경기처럼 고도의 추상적, 논리석 작업은 상대적으로 얼마 안 되는 계산량으로 수행이 가능하나, 걷기처럼 운동 능력이나 감각 능력을 사용하는 작업의 계산량은 엄청나게 많기 때문이다.

결론적으로 인공지능은 목적에 따른 분류(약인공지능, 강인공지능/슈퍼 인공지능)와 방법론에 따른 분류(계산 모델, 연결 모델)로 나뉘어 각각 개발되어 왔으며, 다음 장부터는 이들에 대해 자세히 알아본다.

참고문헌

유신(2014). 『인공지능은 뇌를 닮아 가는가』. 컬처룩.

Searle, J.(1980). Minds, brains and programs. *Behavioral and brain sciences,* 3(3), 417–457.

Searle, J.(1999). *Mind, language and society.* Basic Books.

01
AI의 태동

AI의 시작은 언제일까? 물론 중세 시대 소설에 등장하는 '프랑켄슈타인'같이 인간의 두뇌를 인공적으로 만드는 상상 속 AI도 있지만, 최초의 전자식 컴퓨터의 등장과 동시에 영국의 수학자 앨런 튜링이 제시한 '튜링 테스트'(1950)를 그 시작으로 볼 수 있다. 그 이후 1960년대까지 인간은 기계를 사용하여 인간의 지적 노동을 자동화하기 위한 여러 노력을 시작하는데, 이를 1차 AI 개발 붐이라고 하며 이에 대해 살펴본다.

AI와 1인 창업?

앨런 튜링

인공지능의 시초라고 볼 수 있는 '튜링 테스트'를 설명하기 전에 이를 제안한 '앨런 튜링(Alan Turing, 1912~1954)'에 대해 알아본다. 그는 최초의 전자식 컴퓨터인 에니악(1946)이 발명되기도 전에 '튜링 머신(Turing)'(1936)이라는 가상의 컴퓨터를 제안하여 컴퓨터의 아버지라고도 알려져 있다. 이후 그는 2차 세계 대전 중 독일의 암호인 에니그마를 해독할 수 있는 '콜로서스'를 개발하였는데, 이를 최초의 컴퓨터로 보기도 한다. 한편, 콜로서스 개발 성공에 따라 독일의 런던 공습 암호를 해독하고도 당시 영국의 수상인 처칠은 함구령을 지시했다. 이는 암호 해독 사실을 독일 측이 알면 암호를 바꾸게 되고 그러면 새 암호를 해독하는 데 또다시 많은 시간이 걸리기 때문에, 결정적인 순간에 이를 활용하기 위함이었다. 그래서 2차 세계 대전 대역전의 발판이 된 노르망디 상륙 작전에 역암호를 보냄으로써 연합국이 승리할 수 있는 발판을 마련했다. 2차 세계 대전이 끝난 후, 처칠은 '연합군 승리의 가장 큰 주역'을 묻는 기자의 질문에 수많은 승전보를 올린 장군들이 아니라 앨런 튜링을 언급하면서, 그가 아니었으면 전쟁이 1년 이상 지속되어 수많은 희생자가 더 나왔을 것이라고 했다고 한다. 종전 후

케임브리지대학교 교수로 돌아온 튜링은 동성애자라는 사실이 알려졌는데, 당시만 해도 영국에서 동성애는 처벌을 받거나, 치료를 받아야 하는 중대한 사안이었다. 따라서 튜링은 강제 약물 치료를 받게 되었는데, 이 부작용으로 우울증이 심해지고 급기야 독을 넣은 사과를 한 입 베어 먹고 자살을 하게 된다. 이때 튜링의 나이가 42세였으니, 그가 좀 더 오래 살았다면, 인류에 더 많은 공헌을 할 수 있었을 텐데, 참 안타까운 일이 아닐 수 없다. 여담으로, 애플 컴퓨터 창립자인 스티브 잡스가 애플의 심볼인 한 입 베어 먹은 사과가 자기가 존경하는 튜링의 사과라고 했다. 그러나 이는 사실이 아니고 이를 직접 디자인한 디자이너가 앵두 같은 비슷한 과일과 구별하기 쉽게 사과의 크기를 알려 주기 위해 일부러 한 입 베어 먹은 모양을 로고로 정했다고 한다.

그의 사후 60주년인 2014년에 영국 여왕이 튜링의 처벌에 대해 사과하고 사면을 하였으며, 그의 일생을 다룬 영화 〈이미테이션 게임〉(2014)이 개봉되어 많은 사람들에게 튜링을 널리 알리는 계기가 되었다. 또 그의 업적을 기리기 위해 컴퓨터 분야에 최고 업적을 세운 연구자에게 매년 수여하는 상 이름은 튜링상(Turing Award)이 되었다.

튜링 테스트

튜링 테스트(Turing, 1950)는 앨런 튜링이 1950년에 제안한 실험적 방식으로, 어떤 기계가 지능적인지 아닌지를 가려낼 수 있다고 하여 이를 인간의 '모방 게임(Imitation Game)'이라고 불렀다. 튜링 테스트를 위해서는 분리된 두 방이 있고, 한 방에는 테스트하는 인간 심판이 있고 다른 방에는 사람 또는 컴퓨터가 있다. 이때 심판이 자신과 문자로 대화하고 있는 상대가 사람인지 컴퓨터인지를 구분하지 못하면 그 컴퓨터는 지능적이라고 가정할 수 있다는 것이다. 이후 튜링 테스트로 1990년 미국의 발명가이자 사회운동가인 뢰브너가 케임브리지 행동과학연구소와 함께 세계 대회를 매년 개최했으며, 튜링 테스트 통과 프로그램에는 뢰브너상과 10만 달러 상금을 걸었다. 이후 20여 년간 튜링 테스트를 통과한 프로그램이 없다가 2014년에 영국 레딩대학교에서 개발한 '유진 구스트만'이라는 챗봇이 심사위원의 3분의 1을 속임으로써 첫 번째 수상작이 되었다.

또 2019년에 영국은 그를 기리기 위해 50파운드 최고액 화폐 인물을 1차 산업혁명의 상징인 증기 기관 발명자인 제임스 와트와 매슈 볼턴에서 앨런 튜링으로 변경하였는데, 이는 컴퓨터(3차 산업혁명)와 인공지능(4차 산업혁명)의 시초인 그를 내세워 영국이 1차 산업혁명 뿐만이 아니라 3차, 4차 산업혁명의 발원지라는 자부심을 나타내었다.

인공지능 1차 부흥기인 1950년대 초, 튜링 테스트가 제안되고 나서 인공지능 개발에 여러 시도들이 있었다. 1956년 미국의 앨런 뉴얼(Allen Newell)과 허버트 사이먼(Herbert Simon)은 논리 이론가(The Logic Theorist)라는 프로그램을 개발하였는데, 자동화된 추론을 수행하도록 설계된 최초의 인공지능 프로그램으로 알려져 있다(Newell & Simon, 1963a). 이 프로그램은 『수학원리』라는 책의 52개 정리 중 38개를 자동으로 증명함으로써 인공지능 발전에 초석이 되었다. 또 1956년 미국의 다트머스(Dartmouth)대학교에서 열린 학회에서 존 매카시(John McCarthy)가 처음으로 '인공지능(Artificial Intelligence)'이라는 용어를 사용했다. 그때 학회에 참석했던 사람 중 일부는 앞으로 10년 후에는 사람처럼 지능적인 컴퓨터가 나올 것이라고 섣부른 예측을 하기도 했다. 그러고 나서 맥시마(MACSYMA)처럼 수학적 계산을 잘하는 시스템이나 도형 문제를 해결하는 데 사용되는 시스템 등이 성공적으로 개발되면서 지능적인 컴퓨터의 출현에 대한 희망은 더욱 커졌다.

1957년에는 논리이론가 프로그램을 만들었던 뉴얼과 사이먼은 범용문제해결사(General Problem Solver, GPS)라는 프로그램을 만들었다(Newell & Simon, 1963b). GPS는 수학 문제 외에 상식을 필요로 하는 문제도 풀 수 있도록 고안된 일반적인 문제 해결 프로그램이었다. 1958년에 존 매카시는 인공지능 프로그램 개발에 많이 사용된 프로그래밍 언어인 LISP(LISt Processing)를 개발했다.

또 튜링 테스트가 발표된 이래로 최근의 챗GPT에 이르기까지 사람처럼 대화하는 인공지능 시스템을 개발하기 위한 여러 시도가 있었다. 1966년 매사추세츠공과대학(MIT)의 바이젠바움 교수가 개발한 일라이저(Eliza) 시스템은 정신과 상담을 해 주는 프로그램이다(Weizenbaum, 1976). 일라이저라는 이름은 영국 극작가 조지 버나드 쇼가 1913년에 발표한 희곡 〈피그말리온〉의 여자 주인공 이름에서 따왔는데, 희곡 속에서 일라이저라는 하층민을 교육해 귀족 부인 행세를 하게 함으로써 말의 억양에 의해 개인의 사회적 위치가 결정되는 20세기 초 영국의 계급 사회를 풍자하고 있다. 실제 일라이저 시스템은 비교적 간단한 규칙으로 자연스러운 대화를 이끌어 가는 효과를 주어 사용자인 인간이 상대방인 프로그램에 인간적인 의미를 부여하기도 했는데, 이를 '일라이저 효과'라고 한다. 일라이저의 대화와 규칙 예는 다음과 같은데, 간단한 패턴 매칭 수법을 사용하여 그럴듯한 대화를 생성하고 있다.

일라이저 대화 예

의사: 환자분 가족에 대해 말해 보세요.

환자: 엄마는 늘 저한테 잘해 주세요.

의사: 가족 중 누가 또 환자분에게 잘해 주나요?

환자: 아버지요.

의사: 아버지.

환자: 선생님도 저희 아버지 같은 부분이 좀 있네요.

의사: 어떤 점이 닮았나요?

…

일라이저 규칙

만약 환자가 "나는 X가 필요해요"라고 말하면, 다음 중 하나로 대답.

왜 X가 필요한가요?

만약 X가 있으면 정말 도움이 될까요?

정말 X가 꼭 있어야 한다고 생각하세요?

규칙 적용 불가능한 말에 대한 대답

계속 말씀해 보세요.

정말 흥미롭군요.

알겠습니다.

그래요. 그게 무슨 뜻인 것 같나요?

…

그러나 일라이저 시스템은 대화의 의미를 이해하지 않고 속임수를 쓴 것에 불과하다고 반인공지능파가 즐겨 공격하는 예가 되었다.

이 시기(1965~1970)에 MIT의 테리 위노그라드(Terry Winograd)가 개발한 슈드루(SHRDLU)가 삼각뿔, 사각기둥들을 사용자의 자연어(영어) 명령에 따라 이동시킬 수 있는 등 간단한 실험용 인공지능 프로그램이 개발되기도 하였지만, 지능적 컴퓨터를 만들기는 예상처럼 쉽지 않았고 연구 성과도 적었다. 1966년 기계 번역 프로젝트를 지원하던 미국의 정부 기관 ALPAC(Automatic Language Processing Advisory Committee, 자동 언어 처리 자문위원회)이 부정적인 보고서를 냄으로써 인공지능은 1차 부흥기를 끝내고 겨울의 시대를 맞이했다.

참고문헌

Newell & Simon(1963a). Empirical explorations with the Logic Theory Machine: a case study in heuristics. *Computers and thought.* AAAI Press/The MIT Press, 1995.

Newell & Simon(1963b). GPS: a program that simulates human thought. *Computers and thought.* AAAI Press/The MIT Press, 1995

Turing, A. M.(1936). On computable numbers, with an application to the Entscheidungsproblem. *Proceedings of the London Mathematical Society.* 58: 230–265.

Turing A. M.(1950). Computing Machinery and Intelligence. *Mind,* 59:433–460.

Weizenbaum, J.(1976). *Computer power and human reason: From judgment to calculation.* W. H. Freeman and Company.

02
지능이란 무엇인가?

인류는 지능에 대해 여러 방식으로 개발해 왔는데, 이는 단순하게 말하면 구체적인 원데이터를 인간이 이해하기 쉬운 추상화 작업이라고 할 수 있다. 즉, 인류가 생산해 낸 정제되지 않은 수많은 자료 중에서 의미 있는 것들만 추려서 정보로 만들고, 이 중에서 규칙화할 수 있는 것들을 다시 추려 지식을 구축했다. 최종적으로는 인간의 지능을 흉내 내기 위해 이런 지식을 자동 학습하기 위한 AI 도구들을 개발하고 새로운 지식을 생산하는 단계까지 왔다. 이 장에서는 이런 지능을 컴퓨터에 어떻게 구현해 왔는지를 살펴본다.

AI와 MBTI?

자료, 정보, 지식, 지능

자료, 정보, 지식, 지능의 양과 추상화 정도를 비교하면 어떻게 될까? 많은 양의 자료를 가공하여 정보를 얻고, 정보에서 필요한 지식을 얻고 이 지식을 자동 학습하여 지능을 얻음으로 양적인 면에서 보자면 자료가 가장 많고 정보와 지식, 지능은 그 양이 점점 줄어든다. 한편, 추상화 정도를 비교해 보면 지능이 추상화 정도가 가장 높고 자료는 추상화 정도가 가장 낮다.

자료는 입력 장치나 센서로부터 들어오는 모든 원천값으로 사람의 오감(시각, 청각, 촉각, 미각, 후각)에 입력되는 데이터에 비유할 수 있다. 이런 자료에 의미를 부여해 누군가에게 유용하게 되면 정보가 되고, 아닌 것들은 노이즈 자료가 된다. 예를 들어, 입시 자료는 수험생에게 유용한 정보이지만, 다른 사람들에게는 전혀 관심없는 노이즈 정보가 된다. 또 이런 정보 중에서 사실(Fact)에 해당하는 정보와 이를 일반화한 규칙으로 구성한 것을 지식이라고 한다. 예를 들어 '동물은 생물이다'와 '식물은 생물이다'라는 사실이 있고, '모든 생물은 죽는다'는 규칙이 있으면, '동물이나 식물은 생물이므로 죽는다'라는 새로운 사실을 추론해 낼 수 있다. 이렇게 규칙과 사실을 분리해 저장해 놓은 것을 나중에 설명할 전문가 시스템에서 지식 베이스(Knowledge Base)라고 하며, 여러 전문 영역에 따라 구축할 수도 있고 변경도 가능하다. 마지막으로 규칙과 사실로 정의하기 어려운 문제들도 있는데, 대표적으로 알파고의 바둑 지식이나 구글의 고양이 인식 지식은 수많은 빅데이터를 자동 학습하여 얻은 지능이라고 할 수 있다.

이를 하나의 예로 설명하면, 증권 회사의 상황판에 나타나 있는 각 회사의 주가는 자료이며 이러한 주가를 시간대별로 또는 회사의 종류별로 정리하여 재구성해 놓으면 정보가 된다. 그리고 여기에 주식 투자 전문가의 경험이나 규칙 등이 더하여지면 투자에 활용할 수 있는 지식이 된다. 또 과거의 주가 추이, 현재의 상황 등을 자동 학습하여 고수의 투자가 가능한 주식을 추천하는 수준이 되면 지능이라고 할 수 있다.

지능이란 이와 같이 한마디로 정의하기는 매우 어렵다. 지능을 이해하기 위해서는 지능이 있을 때 할 수 있는 일들을 생각해 보면 도움이 될 수 있는데, 이런 일들에는 다음과 같은 것들이 있다. 경험을 이용한 학습이나 이해, 생각하고 추론하는 것, 새로운 상황에 신속히 대처하는 것, 새로운 지식의 습득 및 응용 등이 해당된다.

여기서는 인공지능 시스템이 주로 사용하는 지식을

컴퓨터에서 효과적으로 사용하기 위해 개발된 지식 표현 기법에 대해 알아본다. 여러 가지 지식 표현 기법 중 효율적인 시스템 개발을 위해서는 해결해야 할 문제의 종류에 따라 어떤 지식 표현 기법을 사용할 것인가를 결정하여야 한다. 이를 위하여 지식 표현의 필요성, 여러 가지 지식 표현 기법들 그리고 지식 표현에 관련된 주의사항 등을 살펴본다.

실세계의 문제를 컴퓨터를 사용하여 지능적으로 해결하기 위해서는 많은 양의 지식이 필요하다. 이러한 지식을 어떻게 효율적으로 표현하고 활용할 것인가 하는 것은 인공지능에서 다루는 중요한 연구 분야 중 하나다. 컴퓨터가 지식을 이용하기 위해서는 필요한 지식이 컴퓨터가 효율적으로 이해할 수 있는 형식 언어(Formal Language)로 기술되어야 한다. 이처럼 지식을 컴퓨터에 표현하는데 사용되는 형식 언어를 지식 표현 언어(Knowledge Representation Language)라고 하고, 지식 표현 언어를 이용하여 지식 베이스(Knowledge Base)를 만든다. 좋은 지식 표현 언어는 지식 베이스의 구축을 용이하게 하지만 부적절한 지식 표현 언어를 사용하는 경우에는 지식 베이스의 구축이 어렵다.

일반적으로 지식 표현 방식은 다음과 같이 네 가지 형

태로 구분할 수 있다.

① 논리적 지식 표현 방식 : 형식적인 논리식을 이용하여 지식 베이스를 구축한다. 명제 논리, 술어 논리가 그 예다.

② 절차적 지식 표현 방식 : 지식을 문제 해결에 필요한 절차적 명령어(Instruction)들의 집합으로 표현한다.

③ 망(Network) 표현 방식 : 지식을 그래프 형태의 망 형태로 표현한다. 그래프 내의 노드는 객체나 개념을 나타내고 링크는 그들의 관계를 나타낸다. 의미망(Semantic Network)이 그 예다.

④ 구조적 지식 표현 방식 : 망 표현 방식을 확장하여 노드들이 다양한 데이터 구조를 가질 수 있도록 한 것이다. 프레임, 객체(Object)가 그 예다.

여기서는 인공지능 분야에서 널리 사용되어 온 몇 가지 지식 표현 기법에 대하여 알아본다.

논리

지식 표현 기법에는 여러 가지가 있는데, 예로부터 서양 수학에서 널리 사용되어 온 것으로 논리가 있다. 기본적인 논리에는 명제 논리와 술어 논리가 있다. 명제 논리는 참이나 거짓 중의 하나를 값으로 가질 수 있는 명제 문장을 기반으로 추론을 수행하는 형식적 논리 체계다. 예를 들어 다음과 같은 명제가 참으로 주어진다면 간단한 추론 법칙에 의해 최종 명제도 참이 된다.

p : 소크라테스는 인간이다. (참)

q : 인간은 죽는다. (참)

r = p → q(소크라테스는 인간이고 인간은 죽으므로, '소크라테스는 죽는다'가 참임)

r : 소크라테스는 죽는다. (참)

명제 논리는 간단하기는 하지만 명제 문장의 내부가 어떻게 구성되어 있는지 알 수 없다. 예를 들어 '철수는 영희를 사랑한다'라는 문장을 명제 논리에서는 P라는 기호로 표현할 수 있다. 따라서 P가 참인지 거짓인지만을 알 수 있을 뿐이고 P 내의 철수와 영희라는 구성 요소를 포함하고 있는지는 알 수 없다. 그러므로 명제 문장 내의 개별 요소는 분리하여 추출할 수 없다.

이러한 단점을 해결할 수 있는 논리가 술어 논리다. 술어 논리에서는 문장 내의 개별 요소를 분리하여 추출할 수 있을 뿐만 아니라 변수를 사용할 수 있어 여러 개의 문장을 하나로 간결하게 표현할 수 있다. 예를 들어,

앞의 '철수는 영희를 사랑한다'라는 명제 논리 P는 술어(Predicate) '사랑한다'를 중심으로 술어(주어, 목적어)로 분리하여 다음과 같은 술어 논리로 나타낼 수 있다.

Q : 사랑한다(철수, 영희)

또, 변수를 사용하면 영희를 사랑하는 여러 사람을 X로 대치하여 '사랑한다(X, 영희)'로 나타낼 수 있는데, 한정자에는 전체 한정자(Universal Quantifier, ∀)와 존재 한정자(Existential Quantifier, ∃)가 있으며, 이들은 문장 내 변수들의 영역을 한정하는 역할을 한다. 이에 대한 자세한 내용은 4장에서 다룬다.

프레임

프레임은 마빈 민스키(Marvin Minsky, 1927~2016)가 1974년에 발표한 지식 표현의 한 방법이며(Minsky, 1974) 나중에 객체 지향(Object Oriented) 개념으로 발전했다. 민스키는 인공지능 분야의 대표적인 과학자로 앞의 다트머스 회의에도 참석하였고 매사추세츠공과대학(MIT) 인공지능연구소의 공동 설립자이며, 인공지능 관련 여러 책을 저술한 공로로 1970년에 튜링상을 수상했다. 또 그는 프레임 이론으로 인공지능의 기호주의를 대표하며 6장에 소개될 신경망 이론의 창시자인 프랭크 로젠블랫(Frank Rosenblatt)의 연결주의를 비판했다 (Papert & Minsky, 1988).

프레임은 표와 같은 정적인 자료 구조로 볼 수 있는데, 특정 객체나 개념에 대한 모든 정보를 표시할 수 있다. 각 프레임은 (속성, 값) 쌍으로 구성되며, 다음은 프레임의 한 예다.

소크라테스
(생명, 참), (직업, 철학자)

위의 프레임은 프레임 이름이 '소크라테스'고 속성으로 생명, 직업 등을 가지고 있고 각각의 속성에 대한 값으로 '참', '철학자' 등을 가지고 있다.

프레임이 여러 개 있을 때는 프레임 간의 관계를 설정할 수 있는데, 상위 프레임이 가지고 있는 속성을 하위 프레임이 그대로 물려받을 수 있고, 이를 '상속(Inheritance)'이라 한다.

인간
(생명, 참)

소크라테스
(유형, 인간), (직업, 철학자)

이처럼 '소크라테스' 프레임에 '유형' 속성을 추가하면, '인간'이라는 상위 프레임에 저장된 공통된 정보를 상속받을 수 있다. 예를 들어 모든 인간 개체는 생명을 가지고 있으므로 각각의 프레임에 '생명' 속성을 넣지 않고 '인간'이라는 상위 프레임을 '유형'으로 지정하면 '생명' 속성을 상속받을 수 있다.

상속은 객체 지향 개념의 중요한 속성 중의 하나이기도 하며, 꼭 하나의 상위 프레임에서만 받을 수 있는 것은 아니다. 따라서 어떤 프레임의 상위 프레임이 하나 이상 있을 수 있는데 이런 경우에는 다중 상속이 가능하다. 다중 상속이 가능한 경우에는 충돌이 발생할 수 있는데, 이때 상위 프레임에 우선순위를 정하여 놓는 것이 충돌 회피의 한 가지 방법이다.

의미망

의미망은 1956년에 케임브리지 언어 연구소의 리처드 리첸스(Richard H. Richens)가 자연 언어의 의미를 표현하기 위하여 개발하였고 요즘에는 일반적 지식 표현에도 많이 사용되고 있다. 의미망은 의미 정보의 표현을 위해 각종 개념과 그 사이의 관계를 컴퓨터 자료 구조의 중요 개념인 그래프 형태로 지식을 표현한다. 그래프 내의 노드는 개념을 나타내고 화살표로 표현된 아크는 개념 간의 관계를 나타내는데, 한 예를 들면 다음과 같다.

의미망에는 '동물은 생물이다', '식물은 생물이다'라는 일반 상식부터 '철수는 사람이다', '철수는 축구를 한다'라는 사실까지 그림 형태의 그래프로 표현할 수 있다. 화살표에 표기된 노드 간 관계는 다음과 같은 의미를 가진다.

- AKO(A Kind Of) : 종류, 클래스 간 상하 관계를 의미, 상속
- isa : Instance(사례 객체 생성), 상속
- Has/has-part : 속성, 부분, 부품 관계 의미
- 이 외: 자유롭게 생성

  예) play, size…

여기에서 한 가지 주목할 점은 노드들이 객체 지향 개념의 클래스(Class)와 서브 클래스(Subclass) 관계를 가질 수 있다는 것이다. 즉 사람은 동물의 서브 클래스가 되며 영희와 철수는 사람이라는 클래스의 한 사례인 인스턴스가 된다. 이러한 관계를 이용하여 '철수는 손을 가지고 있다'라는 사실이 위의 의미망에 직접 표현되지 않았더라도 상속에 의해 '철수는 사람이고 사람은 손을 가지고 있으므로 철수는 손을 가지고 있다'라는 사실을 위의 의미망에서는 추론해 낼 수 있다.

이처럼 의미망은 노드와 노드 간의 관계를 잘 표현할 수 있고 지식이 어떻게 구성되어 있는지를 그래프 형태로 보여 주어 사람이 쉽게 알아볼 수 있다.

이 의미망은 1980년대 월드와이드웹의 기본 문서인 HTML과 XML에 적용되어 현재까지도 많이 사용되고 있다.

규칙

규칙은 조건과 행동을 IF-THEN 형태로 구성하여 지식을 표현한다. 즉 어떤 조건이 만족되면 그에 따른 행동을 수행하도록 정의한 것이 규칙이다. 다음은 간단한 규칙의 예다.

- IF 신호등이 빨간색이면 THEN 멈춘다.

여기에서 IF 다음에 나오는 '신호등이 빨간색이면' 부분이 조건부(Condition)고 THEN 다음의 '멈춘다'가 이 행동(Action) 부분이다. 이렇게 구성된 여러 규칙으로 지식을 표현하여 지식 베이스에 저장하여 놓고 현재 만족하는 조건이 무엇인지를 찾아 행동 부분에서 새로운 사실을 얻어 내 문제 해결에 활용하는 시스템을 규칙 기반 시스템(Rule-Based System)이라고 한다.

규칙은 형태가 간단하여 이해하기 쉽고 사용하기 용이하지만 지식 베이스 내에 규칙이 많아지면 규칙 간에 충돌(Conflict)이 발생할 수 있다. 예를 들어 다음 세 개의 규칙은 서로 충돌한다고 말할 수 있다.

- IF 새라면 THEN 날 수 있다.
- IF 펭귄이라면 THEN 새다.
- IF 펭귄이라면 THEN 날 수 없다.

즉, 앞의 두 규칙에 의해 새로운 사실 'IF 펭귄이면 THEN 새이고 THEN 날 수 있다'를 생성할 수 있는데, 이는 세 번째 규칙과 충돌한다.

따라서 규칙 기반 시스템을 만들 때는 이러한 규칙 간 충돌을 피할 수 있도록 설계하여야 한다. 규칙 간 충돌을 피하기 위한 전략으로는 다음과 같은 것들을 생각해 볼 수 있다.

- 저장된 규칙 중 가장 앞에 있는 규칙을 선택한다.
- 우선순위(priority)가 가장 높은 규칙을 선택한다(각 규칙에 적당한 우선순위가 미리 부여되어 있어야 함).
- 가장 세분화된[즉 가장 특수(specific)한 조건을 갖는] 규칙을 선택한다.
- 가장 새롭게 만들어진 규칙이나 이전에 수행되지 않았던 규칙을 선택한다.
- 무작위로 임의의 규칙을 선택한다.

규칙의 형태는 앞에서처럼 조건과 행동이 하나의 규칙 내에 꼭 하나씩만 있어야 하는 것은 아니다. 다음에서 보는 것처럼 하나의 규칙에 여러 개의 조건과 여러 개의 행동이 있을 수 있으며 조건들은 AND나 OR로 묶을 수 있다.

IF 월급이 100만 원 이상이다.

OR 저금이 1000만 원 이상 있다.
THEN 신용 카드를 발급해 준다.
AND 은행 계좌를 열 수 있다.

시스템 내에서 사용하는 규칙은 앞에서 보는 것처럼 사실을 설명하는 규칙인 지식 규칙(Knowledge Rule) 외에 추론 규칙(Inference Rule)으로 나눌 수 있다. 추론 규칙은 메타 규칙(Meta rule)이라고도 하며 '규칙에 대한 규칙'이 된다. 다음은 메타 규칙의 한 예다.

IF 하나 이상의 규칙이 조건을 만족하면
THEN 새로운 사실을 추가하지 못하는 규칙은 실행하지 않는다.

이와 같이 메타 규칙은 어떤 문제를 해결하기 위해 필요한 지식을 표현한 것이 아니라 규칙을 어떻게 사용할 것인가 또는 규칙은 어떻게 구성되어야 하는가 등 간접 지식을 표현한 것이라 할 수 있다.

이런 규칙 기반 시스템은 쉽게 이해할 수 있고 추론이나 설명(Explanation) 기능을 쉽게 구현할 수 있다.

지금까지 살펴본 지식 표현 방법의 성능 향상을 위해

여러 개의 지식 표현 기법을 동시에 사용할 수도 있는데, 이를 다중 지식 표현이라고 한다. 좋은 지식 표현이란 지식 습득, 검색, 추론 등을 용이하게 할 수 있어야 하는데, 한 예로 앞의 규칙과 프레임을 함께 사용한 전문가 시스템 개발도구 KEE, 넥스퍼트 오브젝트(Nexpert Object) 등이 있다. 여기서 규칙은 추론에는 유리하지만 객체나 용어, 객체 간의 관계 등을 표현하기에는 부적절하므로 프레임을 같이 사용하여 보완이 가능하게 했다.

참고문헌

Minsky, M.(1974). A framework for representing knowledge. *MIT-AI laboratory memo 306.*

Papert, S. & Minsky, M. L.(1988). *Perceptrons: an introduction to computational geometry.* Mass: MIT Press.

03
답을 어떻게 찾을 것인가?

인류의 지식 탐구는 결국 주어진 문제에 답을 어떻게 찾을 것인가의 문제라고 볼 수도 있다. 이런 문제로는 미로 찾기와 같이 비교적 간단한 문제부터 바둑과 같이 좀 더 복잡하여 계산량이 엄청 많은 문제까지 다양하게 분포한다.
여기서는 이런 문제의 답을 찾기 위한 여러 탐색 기법에 대해 살펴본다.

AI와 난임 극복?

"독자 여러분은 집에서 학교나 직장까지 통학이나 출퇴근에 어떤 길로 찾아가나요?" 학생들이 새 학교를 배정받아 첫 통학을 하거나 첫 직장에 출근할 때 가장 효율적인 이동 경로를 찾기 위해서 최근에는 지도 앱을 참고하겠지만, 이런 도구가 없다면 지도를 보고 모든 길을 탐색해야 할 것이다.

하지만 서울이나 런던처럼 복잡한 도시에서는 모든 길을 다 찾아보는 것이 시간상으로 불가능할 수도 있다. 따라서 탐색 방법에는 모든 길을 다 찾아보는 방법인 무정보 탐색도 있고 가능성이 높은 곳만을 선별하여 찾아보는 방법인 휴리스틱(Heuristic, 경험) 탐색도 있다. 여기서는 몇 가지 탐색 기법을 소개한다.

무정보 탐색 기법

처음 출발지인 집에 우리가 있는 상태를 초기 상태(Initial State) 또는 시작 상태라고 하고, 목적지인 학교나 직장에 우리가 도착한 상태를 목표 상태(Goal State)라고 한다. 따라서 탐색은 초기 상태에서 시작하여 목적 상태에 도달할 때까지의 중간 상태들을 찾는 것이다. 어떤 문제 공간에서 만들어질 수 있는 모든 상태의 집합을 상태 공간(State Space)이라고 하고, 탐색의 대상으로 생각하면 탐색 공간(Search Space)이라고 한다. 여기서는 무정보 탐색 또는 맹목적 탐색(Blind Search)에 대해 설명한다.

깊이 우선 탐색

깊이 우선 탐색은 탐색 공간에 대한 아무런 정보 없이 순서만 정해 놓고 탐색을 수행한다. 깊이 우선 탐색에서의 탐색 순서는 처음 길을 택해서 끝까지 가 보고 목적지가 나오지 않으면 다음 길을 택해서 또 끝까지 가 보는 것이고 이를 반복한다. 이는 마치 미로 탐색할 때와 비슷한 상황이 된다.

너비 우선 탐색

너비 우선 탐색은 깊이 우선 탐색과는 달리 탐색 공간에서 제일 가까운 곳부터 점점 멀어지는 순서대로 탐색해 나가는 방식이다.

이런 탐색 방법은 목적지에 대한 효율적인 길 찾기 정보 없이 수행되므로 무정보 탐색이나 맹목적 탐색이라 부른다.

휴리스틱 탐색 기법

'휴리스틱'이란 '발견하다(discover)'라는 뜻의 라틴어인 'heuristicus'란 단어에서 그 기원을 찾을 수 있다. 탐색에서 휴리스틱은 탐색 공간에 관한 정보를 탐색에 활용하여 탐색 공간을 줄이거나, 정확한 (최선의) 답은 아닐지라도 답에 근접한 근사치를 빨리 찾을 수 있도록 하는 유용한 정보다. 이러한 정보를 이용한 휴리스틱 탐색은 기본적으로 다음과 같은 두 가지 경우에 더욱 유용하다.

모호성 때문에 문제의 해답이 정확히 존재하지 않을 때, 예를 들어 의사들이 진찰을 하는 경우 환자의 증상이 여러 가지 병에 의한 것일 수 있지만 의사들은 휴리스틱을 사용하여 진단을 한다. 컴퓨터 시각 시스템도 카메라를 통해 들어온 정보는 모호성이 많이 포함되어 있지만 휴리스틱을 이용하여 효과적으로 해석할 수 있다.

주어진 시간 내에 모든 탐색 공간을 다 방문할 수 없을 때, 시간이 많으면 정확한 답을 찾을 수 있으나 정해진 시간 내에는 답을 찾기 어려운 경우 휴리스틱을 사용한다. 예를 들어 최단 거리의 길을 찾으려고 할 때 가능한 모든 길을 다 찾은 후에야 어느 길이 최단 거리인지를 밝힐 수 있다. 하지만 주어진 시간 내에 모든 길을 다 검색하기 불가능할 때 휴리스틱을 이용할 수 있다.

휴리스틱의 개념을 더욱 자세히 이해하기 위하여 다음의 예를 보기로 하자. 지금은 별로 없지만, 여러 도시를 방문하면서 물건을 파는 방문 상인이 있다고 하자. 이 상인이 전국의 도시들을 방문하는데 한 번 방문한 도시는 다시 방문하지 않고 최단 거리로 모든 도시를 방문하려면 어떤 순서로 도시들을 방문하여야 하는가? 이러한 문제를 방문 상인 문제(Traveling Salesman Problem)라고 한다. 최단 거리를 갖는 방문 도시의 순서를 찾아내기 위해서는 가능한 모든 순서를 다 계산해 보아야 한다. 예를 들어 도시 수가 N개이고 모두 연결되어 있다면, 시작 도시를 제외한 N-1개 도시의 조합인 (N-1)!가지 경우가 생기는데, 순서가 역순인 두 경로는 동일한 경로이므로 2로 나누면 (N-1)!/2가지의 서로 다른 경로가 가능하다. 따라서 도시의 수가 10개만 되더라도 가능한 조합의 수는 (10-1)!/2=18만1440가지가 된다. 이렇게 도시의 수가 많아지면 모든 경로를 정해진 시간에 모두 계산해 본다는 것은 불가능하며 이러한 경우 휴리스틱을 적용하면 효과적인 답을 얻을 수 있다.

이 경우, 하나의 휴리스틱으로 '현재의 도시에서 가장 가까운 도시로 이동한다'를 생각해 볼 수 있다. 그러면 여러 가지 경로를 생각하지 않고 단시간 내에 하나의 경로를 찾을 수 있지만, 이 경로가 최단 거리는 아닐 수 있다. 또 다른 휴리스틱으로 '바다 쪽으로 돌아가면서 이동한다'를 생각해 볼 수도 있다. 이처럼 어떤 하나의 문제를 해결하는 데 꼭 하나의 휴리스틱만이 있는 것은 아니다. 따라서 얼마나 좋은 휴리스틱을 사용하느냐에 따라 문제 해결에 필요한 시간이나 답의 정확성이 달라질 수 있다. 이와 같이 휴리스틱을 사용하면 비교적 빠른 시간 내에 사용 가능한 답을 찾을 가능성이 높다.

언덕 등반 탐색

언덕 등반 탐색은 1984년 펄(Judea Pearl)이 소개한 간단한 휴리스틱 탐색 기법이다. 언덕 등반 기법은 등산에서 산의 정상을 찾아갈 때, 현재 자신이 있는 곳보다 조금이라도 높은 곳이 있으면 그곳으로 이동하는 방식이다. 그러다 보면 정상에 오를 수도 있지만, 작은 언덕에 올라가면 다른 곳에 더 높은 언덕이 있더라도 그 주위에는 더 이상 높은 곳이 없어 탐색이 멈추게 되는데, 이를 지역 최고(Local Maximum) 상태에 빠졌다고 한다.

A* 알고리즘

앞의 언덕 등반 탐색은 현재 위치에서 목적지까지 어떻

게 하면 빨리 찾아갈 수 있는가에 관심을 갖고 있었으며 시작 위치에서 현재까지 어떻게 왔는지는 생각하지 않았다. 하지만 어떤 문제는 목적지만을 찾는 것이 중요한 것이 아니고 시작에서 목적지까지 최단 경로를 찾아야 하는 경우도 있다. 이러한 경우 현재 위치에서 목적지까지 가는 거리가 같다면 시작점에서 현재까지 온 거리가 짧은 쪽이 전체적으로 보아 이동 거리가 더 짧다. 따라서 최단 거리 탐색 경로를 찾기 위해서는 전체 거리를 평가하는 함수가 다음 두 가지 사항을 고려하여야 한다.

1) 시작점에서 현재 위치(n)까지 온 실제의 최단 거리: g(n)로 표시

2) 현재 위치(n)에서 목적지까지의 실제 최단 거리 : h(n)로 표시

위의 두 가지 사항을 고려하여 만든 거리 평가 함수 f(n)는 다음과 같다.

$$f(n) = g(n) + h(n)$$

여기에서 g(n)는 지금까지의 탐색 결과인 과거 정보

에 의하여 구할 수 있다. 하지만 h(n)는 미래의 일로 아직 정확히 알지 못하는 거리다. 따라서 가장 빠른 길인 h(n)를 정확히 계산하기가 어려울 때, 추정치를 사용한다. h(n)의 추정치를 h*(n)로 표시하면 f(n)는 다음과 같이 f*(n)로 바뀐다.

$$f^*(n) = g(n) + h^*(n)$$

앞의 최단 거리 정답 f(n)를 평가 함수로 사용하는 알고리즘을 A 알고리즘이라고 하고 추정치인 f*(n)를 사용하는 알고리즘을 A* 알고리즘이라고 한다(Hart et al., 1968).

게임과 탐색

게임은 8-퍼즐 게임처럼 혼자 하는 게임도 있지만, 상대가 있는 게임도 많다. 상대가 있는 게임은 상대의 의도까지를 고려해야 하기 때문에 일반적으로 혼자 하는 게임보다 더욱 복잡하다. 어떤 게임이든지 게임의 상태 공간이 작아 짧은 시간 내에 전부 탐색할 수 있으면 모든 상태를 탐색한 후 게임을 어떻게 진행해야 하는지를 결정하면 최선의 선택이 가능하다. 하지만 대부분의 게임은 제한된 시간 내에 모든 상태를 전부 탐색할 수 없으므로 탐색 공간을 줄여야 하는데, 휴리스틱을 잘 활용하면 탐색 공간을 크게 줄일 수 있다. 상대가 있는 게임에서 사용하는 기본적인 탐색 기법으로는 미니맥스(minimax) 기법과 탐색 공간을 줄일 수 있는 알파베타 탐색 기법(Knuth & Moore, 1975)이 있다.

또, 바둑의 경우 흑백의 돌을 19×19 바둑판에 번갈아 둠으로써 자기 집(자신의 돌로 둘러싼 공간 포함)을 많이 확보한 사람이 이기는 전통적인 게임이다. 이론적으로 모든 경우의 수를 다 계산해 보면 전체 바둑판 362점 중에서 처음 둔 한 점을 제외한 361!(361×360 … ×1)으로 엄청난 계산량이 필요하다. 게임 중간에 상대방의 돌을 에워싸서 치우면 빈자리가 다시 생길 수도 있으니, 실제 경우의 수는 이보다도 더 많아질 것이다. 그러나 361수 앞을 내다보는 것은 불가능하니 바둑의 고수라고 해도 10수 앞을 내다보기도 쉽지 않다. 그래서 인공지능 바둑 프로그램이 실제로 인간을 이기기는 어려울 것이라고 예상했는데, 2016년 구글의 딥마인드라는 회사가 만든 알파고가 당시 인간 챔피언인 한국의 이세돌 9단을 4대 1로 이긴 사건은 전 세계를 놀라게 했다. 이후에 알파고가 모든 바둑 챔피언에게 완승했으니, 역설적으로 이세돌 9단은 알파고를 이긴 마지막 인간이라고 할 수 있다. 2016년 3월의 알파고를 '알파고 리'라고 하며, 인간들이 이미 수행한 바둑 기보 100만 판의 대국 학습을 하루 3만 판씩 약 한 달간 학습시킨 결과였다. 만일 이 양을 인간 바둑 기사에게 하루 3판씩 학습시킨다면 거의 천 년이 걸리는 학습량이 된다. 이후 더 강화된 학습으로 향상한 2017년 5월의 '알파고 마스터'는 중국의 바둑 챔피언인 커제 9단을 3대 0으로 이겼다. 알파고의 마지막 버전이라고 할 수 있는 2017년 10월의 '알파고 제로'는 심지어 기존 기보 학습 없이 기본적인 바둑 규칙만 알려 주고 자신들끼리 새로 만든 바둑 기보만으로 마치 독학하듯이 3일 만에 '알파고 리'의 실력을 따라잡았고, 한 달 만에 '알파고 마스터'의 실력을 뛰어넘었다고 한다(Hassabis et al., 2018).

이후 구글 딥마인드는 2018년 바둑의 영어 표현인 '고'를 빼고 '알파폴드'라는 시스템으로 생물학의 50년 난제인 단백질 구조 예측에 적용함으로써 세계 단백질 구조 예측 대회에서 종합 순위 1위를 차지했다. 이후 2020년 정확도를 더 높인 알파폴드2로 발전하였고 향후 신약 개발에 활용될 예정이다.

데미스 허사비스(Demis Hassabis, 1976~)는 딥마인

드의 창업자로, 영국에서 태어나 13살에 체스 마스터가 되었고, 17살에 게임 개발을 시작한 신동이다. 2010년 '딥마인드'라는 인공지능 개발사를 설립하여 알파고를 비롯한 알파 시리즈 개발을 주도하고 2014년 구글에 인수되어 인공지능 부문 부사장이 된다. 이후 알파폴드 개발에 참여한 존 점퍼(John Jumper)와 함께 2024년 노벨 화학상을 수상하는 쾌거를 이루었다.

참고문헌

Hart, P. E., et al.(1968). A formal basis for the Heuristic determination of minimum cost paths. *IEEE Transactions on systems science and cybernetics SSC4 4* (2):100–107.

Hassabis, D., et al.(2018). A general reinforcement learning algorithm that masters chess, shogi, and Go through self-play. *Science*, 362 (6419): 1140–1144.

Knuth, D. E. & Moore, R. W.(1975). An analysis of alpha-beta pruning. *Artificial intelligence* 6:293–3236.

04
서양식 논리와 동양식 퍼지 논리

서양식 사고의 발달은 그리스, 로마 시대부터 개발되어 온 정확성에 기초한 논리적 사고 방식의 개발이었다. 이를 대표하는 것이 이진법 수식으로, 표현 가능한 논리적 수학이며 대부분 참과 거짓의 값을 갖는다. 반면, 동양식 사고에서는 이런 이분법적 사고보다는 0에서 1 사이의 값을 표현할 수 있는 퍼지 논리가 있는데, 이는 좀 더 유연한 동양 철학에 기초하고 있다. 여기서는 이들에 대해 간략히 살펴본다.

AI와 사주?

명제 논리

명제 논리는 명제를 이용한 추론을 수행할 수 있도록 체계화한 논리 형식이다. 명제 논리에서 명제는 참(True) 또는 거짓(False)만을 값으로 가질 수 있는 문장(Sentence)이다. 예를 들어 "밖에는 비가 오고 있다"라는 문장의 값은 실제로 밖에 비가 오고 있으면 참이고 비가 오고 있지 않으면 거짓이다. 따라서 이 문장은 참과 거짓 둘 중 하나만을 값으로 가질 수 있어 명제다.

이러한 명제는 간단한 기호로 대치할 수 있는데, 이처럼 명제 논리 내의 문장을 나타내는 기호를 명제 기호(Propositional Symbol)라 한다. 명제 기호는 주로 영어 알파벳 대문자로 표시한다.

명제 기호: P ← "자동차 엔진이 고장이다"
Q ← "운전할 수 없다"

위에서 "자동차 엔진이 고장이다"라는 문장은 명제 기호 P로 표시하고 "운전할 수 없다"라는 문장은 Q로 표시했다.

여러 개의 문장은 다음과 같은 연결자를 사용하여 하나로 연결될 수 있다. 이처럼 연결자를 사용하여 두 개

이상의 문장이 연결되면 복합 문장이 된다.

기호(Symbol) : 연결자 의미

∧, &, 또는 ∩ : 논리곱 / "이고"

∨, ∪ , 또는 + : 논리합 / "또는"

¬ 또는 ~ : 부정

⇒ 또는 ⊃ : 내포

≡ : 동등

이를 이용하면, "자동차 엔진이 고장이면, 운전할 수 없다"라는 복합 문장은 P ⇒ Q 로 간단히 표시할 수 있다.

술어 논리

명제 논리에서는 명제 문장 전체를 하나의 심벌로 표현하였으므로 문장 내의 개별적인 요소들을 분리하여 사용할 수는 없었다. 예를 들어 "철수는 영희를 사랑한다"라는 문장을 P라는 심벌로 표현한다고 하자. 그러면 문장 내의 개별적인 요소인 '철수'와 '영희'는 따로 떼어 낼 수 없다. 하지만 술어 논리에서는 문장 내의 이러한 개별적인 요소들을 분리하여 사용할 수 있으며, 각각의 개별적인 요소에 대한 추론도 가능하게 된다. 이러한 술어 논리는 유럽의 고틀로프 프레게(Gottlob Frege)와 미국의 찰스 샌더스 퍼스(Charles Sanders Peirce)에 의해 19세기 말에 각각 독자적으로 창안되었다. 프레게의 초기 술어 논리는 여러 논리학자에게 큰 영향을 주어 이후 20세기에 술어 계산으로 발전되었다.

술어 논리에서는 문장 내 중심 단어인 서술어(주로 동사)를 중심으로 문법적 요소인 주어와 목적어 등을 분리하여 '술어(주어, 목적어)'로 표현할 수 있다. 예를 들어 앞의 P 문장은 "사랑한다(철수, 영희)"로 표현할 수 있다. 더욱이 이 술어 논리의 개별 요소는 변수를 사용하여 여러 개의 서로 다른 문장을 간단히 일반화하여 표현할 수 있다. 예를 들어 영희를 사랑하는 사람이 100명이 있다고 하자. 명제 논리로 이러한 사실을 표현하고자 하면 100개의 문장이 필요할 것이다(예: 철수는 영희를 사랑한다, 영철이는 영희를 사랑한다…). 그러나 변수를 사용하여 술어 논리로 표현하면 "사랑한다(X, 영희)"로 간단히 쓸 수 있다. 이때 변수 X는 영희를 사랑하는 100사람 중 누구든지 될 수 있다.

술어 논리에서 문장 내에 사용되는 변수들의 의미를 한정하기 위하여 두 가지의 한정자(Quantifier)를 사용한다. 한정자에는 ∀로 표시하는 전체 한정자와 ∃로 표시하는 존재 한정자가 있다. 전체 한정자는 주어진 도메인의 모든 원소에 대해 그 술어 논리 문장은 참값을 갖는다. 존재 한정자는 주어진 도메인 내에서 그 술어 논리 문장을 참으로 하는 객체가 하나 이상 존재함을 나타낸다. 그리고 이러한 한정 범위를 나타낼 때는 대괄호를 사용하는데, 예를 들어 "Every man loves a woman(모든 남자는 여자를 사랑한다)"은 다음과 같은 술어 논리 문장으로 나타낼 수 있다.

$$\forall X[man(X) \Rightarrow (\exists Y[woman(Y) \land loves(X, Y)])]$$

이런 술어 논리를 이용하여 주어진 사실을 표현하고, 논리적 추론 절차에 의해 새로운 사실을 도출하는 것을 자동 논증(Automated Reasoning)이라고 한다. 초기의 자동 논증 시스템으로는 1963년 뉴얼과 사이먼이 발표한 범용문제해결사 GPS(General Problem Solver)가 있는데, GPS는 지식 표현 언어로 술어 논리를 사용하였고 모든 추론 규칙을 사용했다(Newell & Simon, 1963).

이와 같이 서양의 전통 논리 수학에 기반한 명제 논리

나 술어 논리는 참과 거짓 두 값만을 갖는 이진(Binary) 논리 체계로서 명확한 논리식 계산에 의해 명료한 이진 결괏값을 유추할 수 있다. 그러나 우리가 살아가는 실세계에서는 명확하지 않고 모호한 상황이 더 많다. 예를 들어 "오늘 비가 온다"라는 기상 예보는 참/거짓으로 표현하기가 매우 어려워서 "오늘 비가 올 확률이 몇 퍼센트(%)이다"라는 확률 기반 문장으로 표현하는 것이 더 정확할 수 있다. 즉 0/1의 이진값을 확장하여 0과 1 사이의 확률값으로 표현하는 확률에 기반한 확률론으로 자연스럽게 확장되었다. 이와 같이 불확실성(Uncertianty)을 다루는 내용은 이 책의 수준을 넘어가므로 여기서는 생략하지만, 관심 있는 독자들은 확률론, 확신 인자(Certainty Factor) 등의 다른 참고 자료를 찾아보기 바란다.

퍼지 논리

확률론은 정보의 무작위성(Randomness)을 설명하는데 효과적이지만 정보의 의미를 설명하는 데는 부적당하다. 예를 들어 '키가 큰 사람'과 같은 자연어 문장의 의미를 파악하는 데 어려움을 주는 것은 무작위성보다는 모호성이다. 따라서 인간의 정보 처리 과정에서 불확실성을 다루는 데에는 확률론보다 모호한 정보를 더 효과적으로 다룰 수 있는 수리적 이론이 필요했다. 1965년 미국 버클리대학교의 로트피 자데(Lotfi Zadeh, 1921~2017) 교수는 이처럼 모호한 정보를 이진값이 아닌 집합 소속 함수(Set Membership Function)를 이용하여 수치적으로 다루는 퍼지 집합 이론을 발표했다(Zadeh, 1965). 자데는 이란에서 미국으로 건너온 수학자로 서양식 논리학에 동양적 유연함을 결합한 퍼지 논리를 창시하였는데, 퍼지 논리 소개 당시 서양 학계에서는 정반대되는 '퍼지(모호함)'라는 단어와 명료함을 갖춘 '논리'라는 단어가 어떻게 어울릴 수 있냐며 많은 비판을 하여 큰 주목을 못 받았다. 그러다가 같은 동양권인 일본에서 1982년에 시작한 10년간의 국가적 대형 인공지능 프로젝트인 '제5세대 컴퓨터' 개발에서 이 퍼지 이론이 인기를 끌면서 당시 가전 왕국이던 일본에 '퍼지 세탁기'와 같은 인공지능 전자 제품이 등장할 정도로 영향을 주었다.

퍼지 집합 이론

일반 집합에서는 집합의 원소가 그 집합에 속하거나 속하지 않거나 둘 중 하나다. 하지만 퍼지 집합에 속하는 원소는 각 원소가 집합에 속하는 정도가 각각 다를 수 있다. 이러한 소속 정도의 차이는 소속 함수(Membership

Function)에 의해 결정된다. 어떤 원소가 퍼지 집합 A에 속하는 정도는 다음과 같은 소속 함수로 나타낸다.

$\mu A(x) = [0,1]$

여기서 [0,1]은 0과 1을 포함한 0과 1 사이의 모든 실숫값을 나타낸다. 일반 집합은 다음과 같은 소속 함수를 갖는다.

$\mu A(x) = 0 \text{ if } x \notin A$

또는 $\mu A(x) = 1 \text{ if } x \in A$

일반 집합에서는 어떤 원소 X가 집합 A에 속하든지 속하지 않든지 둘 중 하나며, 집합에 속한 원소들은 소속 함숫값이 모두 1로 같다. 하지만 퍼지 집합에서는 어떤 원소가 그 집합에 속하는 정도가 다 다를 수 있다. 예를 들어 집합 $A = \{a_1, a_2, \cdots, a_n\}$가 일반 집합이라면 A에 속하는 원소 각각의 소속 함숫값은 전부 1이다. 즉 $\mu A(a_1)=1$, $\mu A(a_2)= 1$, …, $\mu A(a_n)=1$가 된다. 하지만 집합 A가 퍼지 집합이라면 $\mu A(a_1)=0.3$, $\mu A(a_2)=0.1$, …, $\mu A(a_n)=0.7$ 등으로 소속 함숫값이 각각 다를 수 있다. 따라서 퍼지 집합 A는 다음과 같이 나타낼 수 있다.

$$A = \{ a_1/\mu A(a_1), \cdots, a_n/\mu A(a_n)\}$$
$$= \{ a_1/0.3, a_2/0.1, \cdots, a_n/0.7\}$$

예를 들어, 퍼지 집합은 페이지 수를 이용하여 '두꺼운 책', '조금 두꺼운 책', '매우 두꺼운 책'에 대한 정의를 나타낼 수 있다. 즉 우리가 쓰는 일상 언어 '두꺼운 책'이란, 300페이지가 넘어갈 때 소속 정도가 0.5를 넘어가고 500페이지 정도는 소속 정도가 1이 된다. 여기에 '조금'이나 '매우'라는 부사가 붙으면, 좀 더 아래위로 이동하게 된다. 이와 같이 퍼지 집합은 우리의 모호한 일상 용어를 일반 집합보다는 더 잘 표현할 수 있다.

명제 논리나 술어 논리와 같이 두 개의 진릿값을 기반으로 하는 논리에서는 논리식의 값이 '참' 아니면 '거짓'(즉, 0 아니면 1)만이 될 수 있었다. 다음은 퍼지 추론에서 사용될 수 있는 규칙의 한 예이며, 이런 예는 일상에 다반사로 일어난다.

IF 방이 덥다 THEN 창문을 약간 열어 놓는다.

이는 일반적인 규칙

IF 방의 온도 > 28°C

THEN 창문을 열어 놓는다

와 달리 언어 변수 '덥다'와 '약간'을 포함하고 있다. 이처럼 퍼지 추론에서는 정확한 값을 다루는 것이 아니라 모호한 정보를 사용한다. 이러한 정보들은 사람들이 사용하는 자연어 문장에 많이 포함되어 있고 퍼지 논리는 이러한 모호한 정보를 다루는 데 유용한 논리다. 이진 논리에서 'a⇒b'는 "a가 참이면 b가 참이다"로 해석된다. 하지만 퍼지 규칙의 경우 'a⇒b'는 "a가 어느 정도 참이면 b가 어느 정도 참이다"로 해석되어 '0.5a⇒0.5b'처럼 부분적인 정도의 전제가 부분적인 결론을 보장한다는 규칙 표현이 가능하다. 퍼지 논리에서의 소속 값은 퍼지 집합으로 표현되는 언어 변수로, 퍼지 논리에서는 논리식의 값이 0과 1 사이의 값을 가질 수 있다. 이러한 논리식을 퍼지식(Fuzzy Expression)이라고 한다. 퍼지 집합이나 퍼지 논리는 여러 가지 형태가 있으나 그중 하나인 루카시에비치(Jan Lukasiewicz)의 퍼지 논리에서 사용하는 연산자는 다음과 같이 정의된다(Lukasiewicz, 1951). 여기서 a, b는 구간 [0, 1] 사이의 값을 갖는 퍼지식이다.

부정(Negation) $\neg a=1-a$

논리곱(Conjunction) $a \wedge b=\min(a, b)$

논리합(Disjunction) $a \vee b=\max(a, b)$

내포(Implication) $a \Rightarrow b=\max(1-a, b)$

위에서 $\neg a$ 는 1-a값을 갖고, $a \wedge b$는 a, b 중 최솟값, $a \vee b$는 최댓값, $a \Rightarrow b$는 진리 표상 $\neg a \vee b$와 동등하기 때문에 $a \Rightarrow b$의 진리 값은 1-a, b 중 최댓값이 된다. 따라서 a=0.3, b=0.8이라면 각각의 연산 결과는 다음과 같다.

$\neg a=1-a=1-0.3=0.7$

$a \wedge b=\min(0.3, 0.8)=0.3$

$a \vee b=\max(0.3, 0.8)=0.8$

$a \Rightarrow b=\max(1-0.3, 0.8)=0.8$

이와 같은 퍼지 논리는 1987년 야스노부 세이지(安信誠二)와 미야모토 쇼지(宮本承司)가 일본 센다이 기찻길의 기차를 조절하는 데 퍼지 제어 시스템을 사용하여 그 우수성을 입증하고, 야마카와 다케시(山川烈)가 같은 해

'도립 진자(Inverted Pendulum)'이라는 장치를 만들어 시연한 후 전 세계 사람들이 퍼지 시스템에 많은 관심을 갖게 되었다.

참고문헌

Lukasiewicz, J.(1951). *Aristotle's syllogistic.* Oxford University Press.

Newell, A. & Simon, H.(1963b). GPS:a program that simulates human thought. *Computers and thought.* AAAI Press/The MIT Press, 1995

Zadeh, L.(1965). Fuzzy sets. *Information and control,* pp.338-353.

05
전문가의 지식을 컴퓨터에 넣기

앞의 1차 AI 개발 붐이 단순한 장난감 수준에 그치면서 AI 개발에 대한 투자가 한풀 꺾였다. 이를 타개하기 위해 아예 다양한 분야 인간 전문가의 모든 지식을 컴퓨터에 구축하고자 했던 전문가 시스템 개발 붐(2차 AI 붐)이 일어난다. 여기서는 이런 전문가 시스템이 어떻게 구성되었으며 사례로는 어떤 것들이 있는지 살펴본다.

AI와 아이돌?

전문가 시스템

전문가(Expert) 시스템은 전문 지식이 필요한 특정 영역의 문제를 푸는 데 사용되는 컴퓨터 프로그램이다. 인간 중에서도 특정 영역의 전문 지식을 가지고 일하는 사람을 전문가라고 하며 예로는 의사, 판사, 컴퓨터 프로그래머 등이 있다. 이들 인간 전문가의 지식을 전문가 시스템에 구축하면 인간 전문가가 하는 일을 대신할 수 있으며, 인간 전문가에 비해 다음과 같은 장점을 가지고 있다.

– 전문가 시스템은 쉬는 시간 없이 24시간 365일 사용이 가능하며 사람보다 일의 속도도 빠르다.

– 전문가 시스템은 일관성 있게 작업을 수행하여 작업의 질을 높일 수 있다.

– 특정 전문가의 지식(Know-how)을 잘 보존할 수 있다(전문가가 퇴직하거나 사망하면 그가 보유한 전문 지식도 함께 없어질 수 있다).

– 위험한 지역이나 산간벽지에서도 일할 수 있다(핵발전소의 오작동 검사 시스템이나 산간벽지의 의료 진단 시스템 등).

– 신뢰성이 높다(컴퓨터는 지루해하거나 피곤해하지 않고 24시간 일할 수 있다. 또한 감정이 개입되지도 않고 비밀 누설의 염려도 없다).

– 여러 곳에서 일할 수 있다. 복사가 쉽다(한번 개발된 시스템은 단시간 내에 복사되어 여러 곳에서 동시에 일할 수 있다).

– 비용을 절감할 수 있다(위에 열거한 모든 장점들로 인하여 전문가 시스템을 사용하는 기관의 경비를 대폭 절감할 수 있다).

– 설명 기능이 있다(추론 과정에 대한 설명이 가능하여 결론에 대한 신뢰성을 증가시킨다. 또한 설명 기능을 이용하여 교사와 같은 기능을 할 수 있다).

이런 장점에 기대어 전문가 시스템은 1960년대 중반부터 개발되기 시작하였으며 초기에는 특정 영역이 정해지지 않고 모든 문제 해결에 적용할 수 있는 일반적인 문제 해결 시스템을 개발하려고 시도했다. 이러한 일반적인 문제 해결 시스템으로 GPS가 있는데, GPS는 한 상태에서 다른 상태로 변해 갈 수 있는 연산자를 가지고 있다. 각 연산자는 전제 조건이 맞을 때만 적용할 수 있고 각 상태에서 목적 상태로 가는 데 가장 적절한 연산자를 선택하여 문제를 해결한다.

하지만 GPS와 같은 일반적 문제 해결 시스템은 전문가 시스템으로서의 역할을 충분히 수행할 수 없음을 알았고 그 후로는 특정 분야에 한정된 특수 목적용 시스템을 개발하기 시작하였다. 이 시기에 개발된 시스템으로 덴드럴(DENDRAL), 마이신(MYCIN) 등이 있다. 이러한 시스템을 개발하면서 효율적인 전문가 시스템 개발을 위해서는 일반적 문제 해결 시스템에서 강조하는 추론 능력보다는 문제 해결에 필요한 지식을 얼마나 많이 확보하느냐가 더 중요하다는 것을 알게 되었다. 따라서 전문가 시스템의 형태도 추론 기반 시스템에서 지식 기반 시스템으로 바뀌어 갔다.

전문가 시스템의 기본 요소

전문가 시스템의 가장 중요한 두 부분은 지식 베이스(Knowledge Base)와 추론 엔진(Inference Engine)이며 이밖에 지식 습득 모듈과 설명 모듈은 대부분의 전문가 시스템이 갖추고 있는 기본 요소다. 일반적인 전문가 시스템은 다음과 같은 네 가지 기본 요소로 구성된다.

지식 베이스

지식 베이스는 문제 해결에 필요한 지식들을 가지고 있다. 지식은 2장에서 살펴본 것과 같은 여러 가지 지식 표현 언어로 표현될 수 있으며 대부분 지식은 다음 두 가지 기본적인 형태로 저장된다. 문제 영역의 이론이나 현상을 기술한 사실(Fact) 그리고 문제 해결을 수행하기 위해 필요한 휴리스틱 같은 규칙(Rule)이 그 두 가지다.

추론 엔진

추론 엔진은 전체적으로 규칙의 수행을 조절하여 결론을 찾는 전문가 시스템의 두뇌와 같은 요소다. 추론 엔진은 어떤 규칙을 수행하기 위하여 그 규칙 수행에 필요한 조건을 만족하는 사실을 지식 베이스에서 찾고 그 규칙을 수행하여 새로운 사실을 얻어낸다.

지식 습득 모듈

지식 습득은 문제 해결에 필요한 지식을 전문가나 책 등의 지식원(Knowledge Source)으로부터 지식 베이스로 옮기는 것이다. 지식 습득 작업은 전문가 시스템 개발 과정 중 시간이 가장 많이 걸리는 작업으로 병목(Bottleneck) 구간이 된다. 이러한 작업의 능률을 높이기 위하여 지식 습득 모듈을 사용한다. 지식 습득 작업을 수행하는 사람을 지식 공학자(Knowledge Engineer)라 하며, 지식 공학자는 특정 영역의 문제 해결에 효과적인 지식 표현 방법을 선택하고 전체적인 전문가 시스템 개발 작업에 관여한다.

설명 모듈

설명 모듈은 결과를 보여 주고 왜 그런 데이터가 필요하고 어떻게 그런 결론에 도달했는지 설명해 주며 사용자의 수준에 맞게 이루어져야 한다. 설명 모듈이 있으면 사용자가 예상하지 못한 결론에 대한 설명이 가능하고 지식 베이스의 부족한 부분을 찾는 데도 도움이 된다.

1980년대에 들어서 실험실에만 있던 전문가 시스템이 본격적으로 상업용으로 개발되기 시작하였는데, 덴드럴, 마이신, DEC(Digital Equipment Corporation)에서 개발한 엑스콘(XCON)과 엑셀(XSEL) 그리고 GE(General Electric)에서 개발한 델타(DELTA)가 그러한 시스템이다. 그리고 이 시기에는 상업용 전문가 시스템뿐만 아니라 전문가 시스템 개발용 도구(Tool)들도 만들어지기 시작하였는데, 초기의 도구들은 특별한 하드웨어(예, LISP 기계)를 필요로 하기도 하였으나 나중에는 일반 컴퓨터에서도 잘 작동하는 도구들이 개발되었다.

덴드럴은 화학 지식을 이용하여 알려지지 않은 화합물들의 분자 구조를 알아내는 전문가 시스템이며, 메타덴드럴(META-DENDRAL)은 가지고 있는 규칙을 일반화하는 방식으로 학습을 수행한다.

마이신은 뇌막염이나 혈액의 박테리아성 질병 진단 및 처방을 할 수 있는 전문가 시스템으로, 1970년대 스탠퍼드대학교 의과대학에서 개발되었다(이관수, 2023.8.19). 마이신은 단지 600여 개의 규칙으로 박테리아 감염에 의한 질환을 진단하고 적절한 항생제를 추천하는데, 60%의 환자에 대한 적합한 처방을 함으로써 당시 인간 의사보다 더 정확했다고 한다. 마이신에 증상을 입력하면, 그런 증상을 초래할 병원체를 추론해 적절한 항생제를 환자의 체중에 맞게 처방했다. 추론에 사용되는 규칙은 의사들의 전문 지식을 미리 입력해 둔 것이다. 추론 결과를 산출할 근거가 부족하면 추가 검사를 제안하는 기능도 있었다. 이런 구상과 변환 작업은 스탠퍼드대학교 의대생 겸 전산학 박사과정 에드워드 쇼틀리프(Edward Shortliffe)가 주도했는데, 오늘날 그는 이런 입적으로 의료정보학의 창시자로 여겨진다. 그런데도 마이신은 대중화되지 못했는데, 그 이유로는 마이신의 처방이 잘못되었을 때, 윤리적, 법률적 문제들이 발생할 수 있으며, 더 큰 문제로는 전문가들의 '전문 지식'이 모호하다는 점이었다. 전문 지식은 명확한 부분도 있지만, 오래된 경험과 학습으로 얻은 지식은 언어로 표현하기 어려운 부분도 많았기 때문이다. 이런 이유로 마이신은 병원에 도입되지 못하고 의과대학의 교육용으로만 사용되었다.

델타는 GE에서 개발한 디젤 전기 기관차 엔진 검진용 전문가 시스템이다. 델타의 개발로 GE는 엔진 검진 기술자의 양성에 필요한 시간적, 경제적 비용을 절감할 수 있게 되었고, 델타의 설명 기능을 활용하여 델타를 엔진 검진 기술자 양성을 위한 교사처럼 활용할 수도 있었다.

엑스콘은 미니컴퓨터를 생산하던 DEC에서 개발한 전문가 시스템으로 사용자의 요구에 따라 컴퓨터 사양을 결정해 주는 시스템이다(이관수, 2023.10.7). 당시는 컴퓨터 회사마다 독자 규격의 부품들을 사용해서 고객 맞춤형으로 컴퓨터 시스템을 납품하던 시대였다. 그런데 미니컴퓨터 한 종류에 조합 가능한 구성품은 2천~3천 종이나 되어, 자연히 현장 설치 팀이 구성품들을 잘못 배송하는 사례들이 자주 발생했다. 이런 문제점을 해결하기 위해 1년 만에 컴퓨터 시스템 구축 전문가 시스템 엑스콘을 완성했다. 1978년 카네기멜론대학교와 DEC가 공동 개발한 엑스콘은 컴퓨터 조립에 필요한 부품을 선별하는 데 2500개의 규칙을 활용하여 95% 이상의 정확도로 부품을 선정, 연간 2500만 달러를 절감했다. 엑스콘의 개발 이전에는 다양한 사용자의 요구에 따라 컴퓨터의 부품을 선택하여 사양을 결정하는 일에 많은 전문가가 필요했다. 엑스콘이 개발된 후 DEC은 이러한 일을 하는 전문가들을 줄임으로써 많은 경비를 절감했다. 엑스콘과 함께 쓰이는 또 다른 전문가 시스템으로 엑셀이 있는데 엑셀은 구성된 모든 컴퓨터 부품들이 함께 작동할 수 있는지를 검사하는 시스템이었다.

이와 같이 여러 전문가 시스템이 개발되는 등 인공지능이 다시 사람들의 관심을 끌면서 2차 부흥기(1980~1995)를 맞는다. 그러나 대량의 지식 서술과 관리의 어려움으로 인해 인공지능은 다시 2차 겨울을 맞이하게 되었다.

참고문헌

이관수(2023.8.19). [이관수의 인공지능 열전] 퀴즈쇼 우승 '왓슨', 암치료 나섰지만… 결과는 '굴욕적 퇴출'. ≪한겨레≫.

이관수(2023.10.7). [이관수의 인공지능 열전] 지식 주입하면 알아서 척척? 일장춘몽 '전문가시스템'. ≪한겨레≫.

06
인간의 뇌를 흉내 내기

인공지능의 초기에는 논리적인 흐름을 기호로 나타내는 시도인 기호주의적 접근으로 인간의 생각을 흉내 내고자 하였으나 사고의 흐름은 기호로만 나타내기에는 한계가 있어 부분적인 성공을 거두었다. 대신 이를 보완하기 위해 인간의 뇌를 흉내 낸 연결주의적 접근을 시도하게 되었다. 그중에서도 인공 신경망을 효율적으로 학습할 수 있는 딥러닝 학습 방법이 알려지며 다양한 모형이 제시되었다.
여기에서는 인공 신경망의 구조와 학습하는 원리 그리고 인공 신경망에 기초를 둔 모형들을 살펴본다.

AI와 야구?

인공 신경망과 퍼셉트론

인공 신경망의 기초가 되는 가장 단순한 형태의 인공 신경을 퍼셉트론이라고 한다. 퍼셉트론이라는 단어는 '인식'을 의미하는 perception과 '신경 세포'를 의미하는 neuron을 결합하여 만들어졌다. 이 개념은 1957년 프랭크 로젠블랫(Frank Rosenblatt)에 의해 처음 정의되었다(Rosenblatt, 1958). 퍼셉트론은 생물학적 신경 세포를 단순화한 구조로 이루어져 있다. 생물학적 신경 세포는 정보를 받아들이는 수상 돌기, 정보를 처리하는 세포체, 정보를 전달하는 축삭, 그리고 다른 신경 세포와 연결되는 축삭 말단으로 구성되어 있다. 퍼셉트론에서는 수상 돌기가 입력값의 역할을 하고, 축삭이 출력값의 역할을 하며, 노드는 입력 신호를 계산하여 다음 노드로 전달하는 기능을 수행한다. 이러한 구조는 두뇌에서 정보를 처리하는 구조와 닮아 있어서 인공 신경망(Artificial Neural Network)이라 한다.

퍼셉트론은 주어진 입력값을 일정한 방식으로 가중치를 적용해 처리한 후, 그 값이 특정 기준을 넘어서면 1을 출력하고 그렇지 않으면 0을 출력하는 방식으로 작동한다. 이를 통해 퍼셉트론은 이진 분류 문제를 해결하는 데 사용될 수 있다. 다만 퍼셉트론은 선형적으로 분류할 수 있는 문제만 해결할 수 있기 때문에, XOR 문제와 같은 비선형적인 문제를 해결할 수 없는 한계를 가지고 있다. 마빈 민스키(Marvin Minsky)와 시모어 페퍼트(Seymour Papert)는 이와 같은 단층 퍼셉트론의 한계를 지적한 바 있다.

이러한 한계를 극복하기 위해 다층 퍼셉트론(MLP, Multilayer Perceptron)이 개발되었다. 다층 퍼셉트론은 입력층과 출력층 사이에 은닉층을 추가하여 더 복잡한 비선형 문제를 해결할 수 있도록 한 모델이다. 이는 신경망 연구에 있어 중요한 전환점이 되었다. 다층 퍼셉트론은 여러 개의 퍼셉트론이 층별로 배열되어 있으며, 각 퍼셉트론은 이전 층의 퍼셉트론으로부터 입력을 받아 특정 가중치를 적용한 후 출력값을 생성한다. 이를 통해 더 복잡한 패턴을 학습할 수 있게 되었다.

단층 퍼셉트론과 다층 퍼셉트론의 차이는 단순히 층의 개수에서만 오는 것이 아니라, 입력과 출력 간의 관계를 비선형적으로 모델링할 수 있는 능력에서 비롯된다. 따라서 다층 퍼셉트론은 단층 퍼셉트론이 해결할 수 없던 복잡한 문제를 처리하는 데 적합하다.

역전파

퍼셉트론이 단순한 학습 구조를 가지고 있는 반면, 다층 퍼셉트론으로 확장되면 가중치 조정이 복잡해진다. 입력층에서 출력층으로 신호가 전달되면서 각 노드의 가중치를 효과적으로 학습할 수 있는 방법이 필요해진다. 이를 해결하기 위해 도입된 것이 바로 역전파 알고리즘이다.

역전파의 개념은 1970년대부터 수학과 공학 분야에서 연구되었으며, 1986년 데이비드 러멜하트(David Rumelhart), 제프리 힌턴(Geoffrey Hinton), 로널드 윌리엄스(Ronald Williams)가 발표한 논문(Rumelhart et al., 1986)을 통해 본격적으로 신경망 학습에 활용되었다. 이들은 역전파를 통해 다층 퍼셉트론의 학습이 가능하다는 사실을 증명하였으며, 이를 통해 인공 신경망의 실용성이 크게 증가하게 되었다.

제프리 힌턴은 인공 신경망 연구를 주도한 핵심 인물로, 딥러닝 발전에 지대한 공헌을 했다. 그는 심층 신경망이 효과적으로 학습하기 위해 역전파가 필수적임을 입증하였으며, 이후 많은 연구자가 이를 기반으로 더욱 정교한 최적화 기법을 개발했다.

역전파 알고리즘은 미분의 연쇄 법칙(chain rule)을 활용하여 출력층의 오차를 입력층 방향으로 전파하며 가중치를 업데이트하는 방식이다. 오차는 비용 함수(cost function)를 기반으로 계산되며, 이를 최소화하는 방향으로 가중치를 조정하는 것이 핵심이다. 경사하강법(Gradient Descent)과 결합하여, 신경망이 최적의 가중치를 찾아갈 수 있도록 한다.

경사하강법을 흔히 산골짜기의 가장 바닥을 찾아 내려가는 과정과 비유한다. 현 위치에서 경사가 향한 방면으로 내려가면 결국 완만해지는 구역이 나올 것이고 최종적으로 평탄한 곳에 도달하게 되는데 그곳이 산골짜기의 바닥인 것이다.

이를 좀 더 자세히 살펴보기 위해서 간단한 상황을 설정하자. 비용 함수가 가중치를 변수로 하는 이차 함수의 형태고 최솟값을 가지고 있으나, 최솟값이 무엇인지 최솟값이 되기 위한 가중치 값이 무엇인지 모른다고 하자. 여기에서 미분이 사용된다. 미분을 통해서 우리는 한 점에서 함수의 변화를 파악할 수 있는데, 비용 함수에서 최솟값보다 작은 가중치 값에서는 미분의 값이 음수가 되고 최솟값보다 큰 가중치 값에서는 미분값이 양수가 된다. 연속으로 값이 변화하기 때문에 미분값이 0이 되는 점에서 함숫값이 최소가 되는 것이다. 문제는 앞서 말했

듯이 비용 함수의 생김새를 알 수 없다는 것이다. 미분한 값의 부호를 활용하여 음수인 경우에는 가중치를 키우고, 양수인 경우에는 가중치를 줄이는 방식으로 수정하며 최솟값이 되는 가중치의 값 근처로 이동을 할 수 있다. 미분했을 때의 값은 주어진 가중치에서 비용 함수에 접하는 기울기의 값(경사)을 나타내고 경사를 따라 최소가 되는 방향으로 가중치의 값을 수정해 나가기 때문에 경사하강법이라는 이름을 사용한다.

역전파의 도입은 인공 신경망이 단순한 퍼셉트론에서 벗어나 복잡한 비선형 문제를 해결할 수 있도록 하는 데 큰 기여를 하였으며, 현재의 딥러닝 기술의 기반이 되었다.

딥러닝

딥러닝은 다층 퍼셉트론을 활용하여 복잡한 문제를 해결하는 머신러닝의 하위 분야로, 인공 신경망이 발전함에 따라 주목받게 되었다(LeCun et al., 2015). 딥러닝의 핵심은 신경망이 여러 개의 은닉층(hidden layer)을 포함하여 점진적으로 특징을 추출하는 능력을 갖춘다는 점이다.

딥러닝 모델을 효과적으로 학습시키기 위해 활성화

함수(Activation Function), 최적화(Optimization) 기법, 정규화(Regularization) 기법 등과 같은 핵심 기술들이 발전했다(Goodfellow et al., 2016). 우선 활성화 함수는 신경망의 각 노드에서 출력값에 비선형성을 부여하는 역할을 한다. 대표적으로 렐루(Rectified Linear Unit, ReLU), 시그모이드(sigmoid), 하이퍼볼릭 탄젠트(tanh) 등의 비선형 함수들이 사용된다.

최적화 기법은 대표적으로 알려진 경사하강법을 비롯한 애덤(Adam), RMS프롭(RMSprop) 등 다양한 기법이 도입되어 학습 속도와 안정성을 향상했다.

마지막으로 정규화 기법은 드롭아웃(Dropout), 배치 정규화(Batch Normalization) 등의 기법을 통해 과적합(overfitting)을 방지하고 모델의 일반화 성능을 개선했다. 한 가지 유의할 것은 한국어 용이로는 정규화라는 말을 사용하지만, 정규화 기법은 제약을 통해 모형이 입력자료에 과적합하게 되는 것을 막는 것을 의미하고, 배치 정규화에서는 자료의 크기나 분포를 조정하여 학습을 안정화하고자 한다.

딥러닝에 대한 관심이 폭발적으로 증가하게 된 계기는 합성곱 신경망 모형(CNN, Convolutional Neural Network)을 통한 이미지 분류 문제 해결이다. 합성곱 신경망 모형은 1989년 얀 르쾽(Yann LeCun)을 포함한 연구자들이 손 글씨 인식 문제를 해결하는 방안으로 제시했다(LeCun et al., 1989). 1998년에는 보다 발전된 모형인 르넷5(LeNet-5)를 발표했다(LeCun et al., 1998). 이 모형들은 미국의 MNIST(Modified National Institute of Standards and Technology) 자료를 활용한 손 글씨 숫자 자료에 대한 인식도를 높였으나 자연 이미지에 대한 분석에는 활용되지 못하고 있었다.

2012년, 제프리 힌턴과 그의 제자 알렉스 크리제브스키(Alex Krizhevsky), 일리야 수츠케버(Ilya Sutskever)가 개발한 알렉스넷(AlexNet)은 딥러닝을 대중화하는 계기가 되었다(Krizhevsky et al., 2012). 이 모델은 이미지넷 대규모 시각 인식 챌린지(ILSVRC, ImageNet Large Scale Visual Recognition Challenge)에서 압도적인 성능을 보이며, 딥러닝이 컴퓨터 비전 분야에서 획기적인 성과를 낼 수 있음을 증명했다.

이미지넷 대회가 가지는 의의는 인공 신경망 모형의 가능성을 보였다는 것도 있지만, 스탠퍼드대학교 페이페이 리(Fei-Fei Li) 교수가 주도한 이미지넷 프로젝트(ImageNet Project)를 통해 확보한 데이터가 중요한 역할을 했다. 2009년 공개된 이 프로젝트를 통해서 페이페이 리 교수와 연구자들은 1400만 장 이상의 이미지를 2만 개 이상의 객체 카테고리로 분류했다. 이를 통해서 학습에서 양질의 데이터의 중요성이 부각되었다. 마침 디지털 시대로 변환이 되면서 양적으로도 질적으로도 많은 정보, 즉 빅데이터의 수집 및 활용할 수 있는 기반이 마련되었다. 이를 통해 딥러닝이 발전할 수 있는 환경이 한층 더 마련되었다고 할 수 있다.

마지막으로 딥러닝의 붐을 일으킨 것은 엔비디아(NVIDIA)다. 컴퓨터의 계산 속도를 늘리기 위해서 중앙처리장치(CPU)의 여러 코어를 활용하는 병렬 연산이 사용되고 있었다. 그러나 보다 복잡한 연산에 활용하기 위한 CPU가 단순 연산이 반복되는 딥러닝의 학습에는 효율적이지 않았다. 그에 반해 그래픽처리장치(GPU)는 상대적으로 단순한 처리를 할 수 있는 많은 코어들을 포함하고 있었기 때문에 병렬 연산에 특화되어 있다. 몇 가지 GPU를 활용하는 방안이 제시되었으나 2007년 엔비디아가 쿠다(CUDA, Compute Unified Device Architecture)를 발표하며 개발자들이 비교적 쉽게 GPU를 활용할 수 있는 환경이 되었다.

양질의 데이터와 컴퓨터의 계산 능력이 획기적으로 발전을 하며 알렉스넷과 같은 딥러닝 모형을 등장시켰고 현재의 딥러닝 붐이 일어났다. 현재 딥러닝은 다양한 산업에서 활용되고 있으며, 대표적인 응용 분야로는 컴퓨터 비전, 자연어 처리, 자율 주행, 의료 분야 등이 있다.

컴퓨터 비전: 이미지 분류, 객체 검출, 의료 영상 분석 등에서 합성곱 신경망 모형을 활용한 모델이 높은 성능을 보인다.

자연어 처리(NLP, Natural Language Processing): 트랜스포머(Transformer) 기반의 모델[GPT, 버트(BERT) 등]이 등장하며, 텍스트 생성, 번역, 감성 분석 등의 분야에서 활용되고 있다.

자율 주행: 딥러닝 기반의 인공지능이 도로 상황을 실시간으로 분석하여 자율 주행 차량의 경로를 결정하는 데 사용된다.

의료 분야: 신경망을 활용한 질병 진단, 유전자 분석, 신약 개발 등에서 높은 성과를 내고 있다.

이러한 딥러닝의 발전이 학문 분야에 미친 영향력은 널리 인정받고 있다. 2018년 제프리 힌턴, 요슈아 벤지오(Yoshua Bengio), 얀 르쿵은 튜링상(Turing Award)을 수상하였고, 그 후 존 홉필드(John Hopfiled)와 제프리 힌턴은 2024년 노벨 물리학상을 수상하였으며, 구글 딥마인드의 최고경영자 데미스 허사비스(Demis Hassabis)와 선임 연구원 존 점퍼(John Jumper)는 계산 단백질 설계에 기여한 공을 인정받아 노벨 화학상을 수상했다.

딥러닝 기술은 앞으로 더욱 발전하여, 인공지능의 설명 가능성(Explainable AI, XAI), 연합 학습(Federated Learning), 초거대 모델(Giant AI Models) 등의 연구가 활발히 진행될 것으로 전망된다. 특히 더 효율적인 학습 알고리즘과 에너지 절감형 신경망 구조가 개발됨에 따라, 인공지능의 활용 범위는 더욱 넓어질 것이다.

참고문헌

Goodfellow, I., et al.(2016). *Deep learning*. MIT Press.

Krizhevsky, A., et al.(2012). ImageNet classification with deep convolutional neural networks. *Advances in neural information processing systems*, 25, 1097–1105.

LeCun, Y., et al.(1989). Backpropagation applied to handwritten zip code recognition. *Neural computation*, 1(4), 541–551. https://doi.org/10.1162/neco.1989.1.4.541

LeCun, Y., et al.(1998). Gradient-based learning applied to document recognition. *Proceedings of the IEEE*, 86(11), 2278–2324. https://doi.org/10.1109/5.726791

LeCun, Y., et al.(2015). Deep learning. *Nature*, 521(7553), 436–444.

Rosenblatt, F.(1958). The perceptron: A probabilistic model for information storage and organization in the brain. *Psychological review*, 65(6), 386–408.

Rumelhart, D. E., et al.(1986). Learning representations by back-propagating errors. *Nature*, 323(6088), 533–536.

07
대규모 언어 모델로 글 쓰고 대화하기

자연어 처리 분야에서 단어를 벡터로 표현하는 방법인 단어 임베딩이 제시되었다. 특히 단어 간의 의미적 유사성을 벡터 공간에서 수치적으로 표현하는 단어를 고차원의 벡터로 표현하는 기법(Word2Vec)과 같은 방식의 발전과 주의 메커니즘과 같이 문장 안에서 단어 간의 연관성에 기반하는 생성형 모형의 대규모 데이터를 활용한 효율적인 학습 방법이 제시되었다. 여기서는 세계적으로 큰 반향을 일으킨 챗GPT와 같이 글쓰기나 대화에 특화된 AI 시스템의 단어 임베딩과 주의 메커니즘을 위주로 살펴본다.

AI와 윤동주?

자연어 처리와 단어 임베딩

자연어 처리 기술에 대한 초기 연구는 주로 기계 번역(machine translation)에 초점이 맞춰졌다. 1950~1960년대에는 규칙 기반(rule-based) 기계 번역 시스템이 개발되었으나, 언어의 복잡성과 변형을 포괄적으로 처리하는 데 어려움을 겪었다. 1966년 ALPAC(Automatic Language Processing Advisory Committee, 자동 언어 처리 자문위원회) 보고서는 기계 번역 기술이 실용성이 부족하다는 평가를 내렸으며(ALPAC, 1966), 이는 1차 인공지능 겨울의 원인 중 하나가 되었다.

그럼에도 통계 기반 언어 모델에 대한 연구는 계속되었다. 1940년대 후반, 워런 위버(Warren Weaver)는 단어들의 동시 출현 빈도를 기반으로 언어 모델을 구축하는 방안을 제시하였으며(Weaver, 1955), 이는 이후 통계적 의미론(statistical semantics)으로 발전했다. 또한 1950년대 젤리그 해리스(Zellig Harris)의 분포 가설(Distributional Hypothesis)은 단어의 의미가 주변 단어와의 관계에서 형성된다는 이론을 제시하여 자연어 처리를 위한 중요한 개념적 기초를 마련했다(Harris, 1954). 이러한 관점은 데이터를 기반으로 한 모형으로 발전하는 토대가 되었다.

이후 1970년대부터는 문서 내 단어의 출현 빈도를 이용한 정보 검색 기법이 소개되었으며(Salton, 1971), 이는 후에 TF-IDF(Term Frequency-Inverse Document Frequency) 기법으로 발전했다(Spärck, 1972). 이 기법은 문서 내 특정 단어의 상대적 중요도를 계산하는 방식으로 자연어 처리 모델의 정밀도를 향상했다(Salton, 1971). 하지만 이러한 통계적 자연어 처리(Statistical NLP) 모형은 학습할 데이터가 증가함에 따라 성능 한계에 직면하였고, 이를 극복하기 위해 신경망 기반 자연어 처리 모델이 개발되기 시작했다.

2003년, 요슈아 벤지오는 여러 연구자와 함께 인공 신경망을 활용한 언어 모델을 개발하여 단어의 의미를 특성 공간(feature space)에서 표현하는 방식을 제시했다(Bengio et al., 2003). 이후 2013년 토마시 미콜로프(Tomáš Mikolov)와 연구진이 단어를 고차원의 벡터로 표현하는 기법(Word2Vec)을 발표하면서(Mikolov et al., 2013), 신경망 기반 단어 임베딩 모델이 본격적으로 활용되기 시작했다. 이러한 발전은 자연어 처리 모델의 학습 능력을 크게 향상하는 계기가 되었다.

최근에는 워드투벡터(Word2Vec)를 확장한 글러브(GloVe, Global Vectors for Word Representation)(Pennington et al., 2014), 패스트 텍스트(Fast-Text)(Bojanowski et al., 2017) 등의 모델이 개발되었으며, 이들은 문맥을 보다 잘 반영하는 단어 임베딩 기법으로 자리 잡았다. 또한 문장의 의미를 보다 정교하게 학습할 수 있도록 사전 훈련된 버트(BERT, Bidirectional Encoder Representations from Transformers)(Devlin et al., 2019)와 같은 모델이 등장하면서 자연어 이해 능력이 크게 향상되었다.

주의 메커니즘과 트랜스포머

자연어 처리에서 기존 모델들은 문맥을 효과적으로 반영하는 데 한계를 가졌다. 특히 순환 신경망(RNN, Recurrent Neural Network) 및 장단기 기억 네트워크(LSTM, Long-Short Term Memory)와 같은 전통적인 모델들은 문장이 길어질수록 앞부분의 정보를 유지하는 데 어려움을 겪었다. 이를 해결하기 위해 연구자들은 문장 내 단어들 간의 연관성을 동적으로 조정하는 방법을 고민하게 되었으며 그 결과, 주의 메커니즘이 등장하게 되었다.

주의 메커니즘은 2014년 드미트리 바다나우(Dzmitry Bahdanau)와 연구진이 기계 번역 모형에서 처음 제안했다(Bahdanau et al., 2014). 이들은 기존의 순환 신경망 기반 번역 모델이 긴 문장을 다룰 때 성능이 저하되는 문제를 해결하기 위해, 문장 내 특정 단어에 더 높은 가중치를 부여하는 방법을 고안했다. 이것이 바다나우 주의(Bahdanau attention)다. 이를 통해 기계 번역 모델은 입력 문장의 중요한 부분을 동적으로 강조하면서 보다 정확한 번역을 수행할 수 있었다.

주의도(attention score)는 문장 내에서 단어들 사이의 연관성 또는 의존도 정도를 수치로 표현하는 것이다. 예를 들어, '고양이가 살금살금 _ _ _ _'이라는 문장이 주어지면, '고양이', '살금살금'과 같은 단어와 연관성이 높은 단어를 주의도가 높은 단어로 선택함으로써 할 수 있는 것이다.

2017년, 아시시 바스와니(Ashish Vaswani)와 구글 브레인(Google Brain) 연구팀이 발표한 논문(Vaswani et al., 2017)에서 트랜스포머(Transformer) 모델이 소개되면서 자연어 처리 분야는 큰 변화를 맞이했다. 트랜스포머의 핵심은 셀프 어텐션(self-attention) 메커니즘으로, 문장 내 모든 단어가 서로 간의 관계를 학습할 수 있도록 설계되었다. 셀프 어텐션은 각 단어가 문장 내 다른 모든 단어와의 연관성을 고려하면서 문맥을 이해하는 방식이다. 이를 위해 트랜스포머 모델은 질의(Query, 쿼리), 키(Key), 값(Value)이라는 개념을 도입하여 문장 내 단어들이 서로 어떻게 관련되는지를 학습한다.

질의, 키, 값에 대해 간단한 설명을 하자면 다음과 같다. 질의는 일반적으로 데이터베이스에서 어떤 값을 조회하기 위해서 사용하는 것을 의미한다. 주의 메커니즘에서 질의는 문장을 이루고 있는 단어 중 하나를 나타낸다. 키는 질의로 설정된 단어와 문장 안의 다른 단어 간의 연관성을 평가하기 위한 값이다. 이를 통해서 얻은 값을 주의도로 정의한다. 주의도가 의미하는 것은 질의로 선정된 단어와 시퀀스 내의 다른 단어들 사이의 연관성 정도다. 그리고 그렇게 완성된 주목도와 값의 가중합을 계산하여 문장의 의미를 나타내는 정보로 표현을 하게 된다.

이러한 방식은 기존 순환 신경망 기반 모델들과 비교했을 때 병렬 연산 가능, 긴 문맥 처리, 문맥 유지 및 확장의 측면에서 강점을 가진다.

병렬 연산 가능: 순차적인 계산이 필요하지 않아 그래픽처리장치(GPU) 가속을 통해 훨씬 빠르게 학습할 수 있다.

긴 문맥 처리: 문장의 길이가 길어지더라도 초반의 단어들

이 후반의 단어와 연결될 수 있어 장기 의존성 문제를 해결한다.

문맥 유지 및 확장: 문장 내 특정 단어가 멀리 떨어져 있어도 효과적으로 관련성을 반영할 수 있다.

주의 메커니즘은 자연어 처리뿐만 아니라 다양한 분야에서 활용되고 있다. 다음은 몇 가지 대표적인 응용 사례다.

음성 인식 및 합성: 음성 데이터에서 특정 부분을 강조하여 인식하거나 자연스러운 발음을 생성하는 데 활용.

컴퓨터 비전: 이미지 인식 모델에서 객체 검출과 같은 작업을 수행할 때 중요한 부분을 강조하는 데 사용.

추천 시스템: 사용자 데이터를 분석하여 적합한 상품을 제공하는 데 사용.

이렇듯 주의 메커니즘은 현재 가장 강력한 자연어 처리 모델을 만드는 핵심 기술 중 하나로 자리 잡았다. 이러한 모형을 활용한 대표적인 대화형 언어 생성 모형을 이용한 서비스는 오픈AI의 챗GPT, 구글의 제미나이, 메타의 라마2, 앤트로픽의 클로드 등이 있다. 그리고 대다수는 트랜스포머 모형을 기반으로 하고 있다.

대규모 언어 모델의 최신 연구 동향과 응용

언어 모형의 초기 목표는 기계 번역이었으나, 컴퓨터를 많이 사용하게 되면서 인간과 컴퓨터 간의 상호작용(HCI, Human-Computer Interaction)에 활용이 가능하다는 점에서 관심이 증가했다. 또한 컴퓨터와 인공지능 기술은 컴퓨터에게 대화형으로 인간의 지식을 학습시키고 그 내용을 바탕으로 사람처럼 대화를 할 수 있는 수준까지 발전해 왔다. 이를 바탕으로 기존의 사람들이 만들어 둔 문서들을 학습을 시키고 그중 중요한 정보들을 추출하는 능력과 그런 정보들을 적절하게 배치하여 대화를 하거나 질문에 대답하는 수준까지 발전했다.

이제 언어 모형과의 대화를 통해서 원하는 작업의 결과를 얻는 방향으로 활용되고 있다. 가령 글을 쓸 때 주제에 대한 토론을 함께하거나 글의 방향을 논의하는 것도 가능하다. 코딩 작업에 대한 설명을 하고 코드를 제공받거나 원하는 그림이나 사진에 대한 설명을 하고 그 설명에 적절한 이미지를 제공받을 수 있다. 이러한 관점에서 언어 모형은 사용자가 원하는 다양한 요구 또는 질문에 답하는 방향으로 발전하고 있다고 볼 수 있다.

최근 대규모 언어 모형의 연구는 더욱 정교한 모델 구조와 효율적인 학습 방법을 중심으로 발전하고 있다. 예를 들어, 오픈AI의 GPT-4(2023)는 기존 모델보다 더 많은 파라미터를 학습하면서도 연산 비용을 최적화하는 전략을 도입했다. 또한 구글의 팜(PaLM, Pathways Language Model)(Chowdhery et al., 2022)은 단일 네트워크로 여러 작업을 수행하는 멀티태스킹 성능을 극대화하였다. 이 밖에도 앤트로픽의 클로드 모델(2024)은 AI의 안전성과 윤리성을 강화하는 방향으로 연구되고 있다.

언어 모델의 응용 사례도 점점 확장되고 있다. 의료 분야에서는 환자의 증상과 병력을 분석하여 진단을 보조하는 AI 시스템이 개발되고 있으며, 법률 분야에서는 방대한 법률 문서를 분석하여 판례를 자동으로 분류하고 법률 자문을 제공하는 모델이 활용되고 있다. 또한 금융 및 투자 분야에서는 경제 뉴스와 재무 데이터를 분석하여 투자 전략을 지원하는 인공지능 시스템이 운영되고 있다.

물론 현재 성능이 완벽하다고 할 수는 없다. 가령 한국의 2023년 수능 문제를 푼 결과를 살펴보면 GPT-4o가 평균적으로 9등급 중 5등급 정도를, 클로드 3.5 소넷이 3등급 정도를 보였다는 점에서 모든 인간을 뛰어넘는 완벽한 모형이라고 볼 수는 없다는 것이 명확해진다(시사IN, 2024.7.17). 그러나 현재 발전 속도를 고려할 때, 앞으로 LLM은 더욱 강력한 문제 해결 능력을 갖춘 형태로 발전할 것이며, 인간과의 협력을 통해 다양한 산업에서 가치를 창출하는 방향으로 연구가 진행될 것으로 기대된다.

참고문헌

시사IN(2024.7.17). AI에게 한국 수능을 풀게 했다, 결과는?.

ALPAC(1966). Languages and machines: Computers in translation and linguistics. *National academy of sciences.*

Bahdanau, D., et al.(2014). Neural machine translation by jointly learning to align and translate. arXiv preprint arXiv:1409.0473.

Bengio, Y., et al.(2003). A neural probabilistic language model. *Journal of machine learning research*, 3, 1137-1155.

Bojanowski, P., et al.(2017). Enriching word vectors with subword information. *Transactions of the association for computational linguistics*, 5, 135-146.

Chowdhery, A., et al.(2022). PaLM: Scaling language modeling with pathways. arXiv:2204.02311.

Devlin, J., et al.(2019). BERT: Pre-training of deep bidirectional transformers for language understanding. *In proceedings of the 2019 conference of the north american chapter of the association for computational linguistics: Human language technologies*, 1, 4171-4186.

Harris, Z.(1954). Distributional structure. *Word*, 10(2-3),

146–162.

Mikolov, T., et al.(2013). Efficient estimation of word representations in vector space. arXiv:1301.3781.

Open AI(2023). GPT-4 Technical Report. arXiv preprint arXiv:2303.08774.

Pennington, J., et al.(2014). GloVe: Global vectors for word representation. *Empirical methods in natural language processing (EMNLP)*, 1532–1543.

Radford, A., et al.(2019). Language models are few-shot learners. arXiv:2005.14165.

Salton, G.(1971). *The SMART retrieval system-experiments in automatic document processing.* Prentice-Hall

Spärck, J., K.(1972). A statistical interpretation of term specificity and its application in retrieval. *Journal of documentation*, 28(1), 11–21.

Vaswani, A., et al.(2017). Attention is all you need. *Advances in neural information processing systems*, 30.

Weaver, W.(1955). Translation. In W. N. Locke & A. D. Booth (Eds.), *Machine translation of languages*, 15–23. Cambridge, MA: MIT Press(Originally circulated as a memorandum in 1949).

08
운전자 없는 운전

자율 주행을 올바르게 하기 위해서는 여러 기술이 필요하다. 주변 환경을 파악하고 앞으로의 상황을 예측하며 순간 발생하는 돌발적인 상황에 대처해야 하기 때문이다. 이를 위해 여러 인공지능의 기술이 적용되고 있다. 주변 환경을 시각 정보로 파악하는 컴퓨터 비전을 통해 객체 분류와 같은 단순한 작업부터 현재 상황에 대한 이해까지 이루어야 한다. 이렇게 해석된 정보와 기초적인 운전에 대해 학습한 후 강화 학습을 통해 도로에서의 규칙을 스스로 추가로 학습해야 한다. 자율 주행의 컴퓨터 비전과 강화 학습에 대해서 살펴본다.

AI와 한의학?

자율 주행과 컴퓨터 비전

자율 주행 자동차의 개념은 20세기 초부터 등장했으며, 본격적인 연구는 1980년대부터 시작되었다. 1986년, 독일의 에른스트 딕만스(Ernst Dickmanns)와 그의 연구팀은 최초의 반자율 주행 차량인 '바모스(VaMoRs, Versuchsfahrzeug für autonome Mobilität und Rechnersehen: 자율주행 및 컴퓨터 시각 처리를 위한 시험 차량)'를 개발했다. 이 차량은 카메라를 통해 도로를 인식하고, 인공지능을 이용하여 스스로 주행할 수 있었다. 딕만스의 연구는 현대 자율 주행 기술의 기초를 마련한 중요한 성과로 평가된다(Dickmanns, 2002).

1990년대에는 미국 국방부의 다르파(DARPA, Defense Advanced Research Projects Agency: 미국 국방부 산하 방위고등연구계획국)가 무인 차량 개발 프로젝트를 추진하면서 자율 주행 기술이 본격적으로 연구되기 시작했다. 2004년과 2005년에는 다르파가 개최한 '다르파 그랜드 챌린지(DARPA Grand Challenge)'에서 다양한 연구 기관들이 자율 주행 차량을 개발하여 경쟁하였으며, 2007년 '다르파 어반 챌린지(DARPA Urban Challenge)'에서는 도시 환경에서의 자율 주행 기술을 시험했다. 이러한 연구들이 현재의 자율 주행 기술 발전에 중요한 기반이 되었다. 2010년대 들어서는 테슬라(Tesla), 구글 웨이모(Waymo), GM 크루즈(Cruise)와 같은 기업들이 본격적으로 자율 주행 기술을 연구하며 상용화를 위한 노력을 기울이기 시작했다. 이들은 딥러닝 기반의 인공지능 기술을 활용하여 차량이 실시간으로 도로 환경을 분석하고, 안전한 주행 경로를 선택할 수 있도록 발전시키고 있다.

미국 자동차공학회(SAE, Society of Automotive Engineers)는 2016년 자율 주행 기술에 대한 자료에서 자율 주행 기술을 0~5까지의 6단계로 구분하고 있다(SAE International, 2016; 신재곤, 2020). 단계를 나누는 기준은 조향과 가/감속의 핵심 제어를 누가 하는가, 운전 환경을 모니터링하는 주체는 누구인가, 비상시 대비책의 주체는 누구인가, 그리고 시스템의 운전 모드 유무 등이다.

0단계(No Automation) : 운전자가 모든 조작을 직접 수행하는 단계

1단계(Driver Assistance) : 차량이 조향 또는 가속 · 감속 중 하나를 보조하는 단계

2단계(Partial Automation) : 차량이 조향과 가속 · 감속을

수행할 수 있으나, 운전자가 환경을 모니터링해야 하는 단계
3단계(Conditional Automation) : 차량이 특정 조건에서 주행을 제어하지만, 비상시 운전자가 개입해야 하는 단계
4단계(High Automation) : 특정 환경에서 차량이 모든 주행을 담당하지만, 제한된 조건에서만 작동하는 단계
5단계(Full Automation) : 모든 환경에서 차량이 스스로 주행하는 완전 자율 주행 단계

현재 자율 주행 차량의 대부분은 2~3단계 수준에 머물러 있으며, 일부 기업이 4단계 자율 주행을 제한된 지역에서 테스트하고 있다. 5단계 완전 자율 주행이 현실화되기 위해서는 기술적 혁신뿐만 아니라 법적 규제와 사회적 수용성이 함께 발전해야 한다.

위의 구분에서 중요한 요소 중 하나는 '주행 환경을 모니터링하는 주체가 누군가'다. 이때 사람들이 주로 활용하는 감각은 시각이다. 그러나 자율 주행 자동차가 주변 환경을 인식하는 문제에서는 굳이 사람과 같은 시각에만 국한할 필요가 없다. 일상에서 운전 중에는 초음파를 활용하여 장애물을 인식하고 있는데, 장애물이 무엇인지에 대한 정보가 필요 없기 때문이다.

그러나 실제 도로에서 움직이는 상황이 되면 여러 가

지 주변에 대한 인식이 필수다. 컴퓨터 비전은 자율 주행 차량이 도로 환경을 인식하는 데 필수적인 역할을 한다. 차량이 주변 환경을 제대로 인식하지 못하면 안전한 주행이 불가능하기 때문에, 카메라, 라이다(LiDAR), 레이더 등의 센서를 활용하여 도로의 형태, 보행자, 신호등, 다른 차량 등을 분석한다.

테슬라는 카메라 기반의 비전 시스템을 강조하며, 오토파일럿(Autopilot)과 FSD(Full Self-Driving) 기능을 개발하고 있다. 반면 웨이모와 크루즈는 라이다를 활용한 정밀 지도(mapping)와 실시간 객체 감지를 기반으로 한 자율 주행 기술을 연구하고 있다. 이러한 접근 방식의 차이는 자율 주행 시스템이 발전하는 과정에서 중요한 논쟁거리로 남아 있다.

기타 센서들의 비용이 카메라에 비해 비싸서 가격 측면에서 카메라를 활용하는 것도 하나의 이유일 것이다. 그러나 센서의 비용이 낮아지고 있고, 앞으로 더 많은 정보를 취합하여 모형을 학습하는 데 활용 가능한 방법을 찾아내게 되면 다른 센서를 활용하는 자율 주행 자동차가 등장할 가능성이 있다.

자율 주행을 위해서 필요한 기술은 주변의 상황을 인식하기 위한 기술(컴퓨터 비전)과 움직임을 조절하는 기술(로보틱스), 상황 판단을 하고 행동을 결정할 기술(인공지능), 그리고 전기차의 경우 장시간에 걸쳐 에너지를 공급할 기술(배터리) 등이 있다.

특히 인공지능은 컴퓨터 비전과 결합하여 객체를 분석하는 기술뿐 아니라 더 나은 판단을 내리는 데 활용이 가능하다. 우리에게 이세돌과의 바둑 대결로 유명해진 구글 딥마인드(DeepMind)의 알파고(AlphaGo)의 학습 방법인 강화 학습(reinforement learning)이 핵심적인 기술이라 할 수 있다(Sutton & Barto, 2018).

강화 학습

강화 학습에서 강화(reinforcement)는 특정 행동이 반복될 가능성을 높이는 과정을 의미한다. 강화 학습은 에이전트(agent)가 환경과 상호작용하면서, 주어진 목표를 달성하기 위해 보상(reward)을 최대화하는 방향으로 학습하는 알고리즘이다(Watkins, 1989).

이 개념을 실험실에서의 쥐(mouse) 실험으로 설명할 수 있다. 만약 쥐가 버튼을 누르면 먹이를 주는 실험을 반복하면, 쥐는 먹이를 얻기 위해 버튼을 누르는 행동을 학습하게 된다. 즉 버튼을 누르는 행동이 보상을 받으면서 강화되는 것이다. 이와 유사하게, 강화 학습에서는 에이전트가 특정 행동을 했을 때 얻는 보상에 따라 더 나은 행동을 학습하도록 설계된다.

자율 주행 차량에서 강화 학습을 적용하면, 차량이 실시간으로 도로 상황을 학습하고 적응하는 능력을 갖출 수 있게 된다. 예를 들어 차량이 속도를 조절하거나 차선을 변경할 때 운전자의 안전과 교통 흐름을 고려한 최적의 결정을 내리는 방향으로 학습하게 된다.

강화 학습의 기본적인 구조는 에이전트(agent), 상태(state), 행동(action), 정책(policy), 보상(reward)으로 구성된다. 에이전트는 행동을 수행하는 주체로, 자율 주행을 예로 들면 자율 주행으로 작동하는 차량에 해당한다. 상태는 현재 환경을 나타내는 정보로 자율 주행에서는 도로 상황, 차량 속도, 주변 차량 위치 등이 이에 해당한다. 행동은 에이전트가 취할 수 있는 행동으로, 자율 주행 차량의 가/감속, 차선 변경 등이 된다. 정책은 주어진 상태에서 어떤 행동을 선택할지를 결정하는 전략이다. 마지막으로 보상은 행동의 결과에 따라 주어지는 값이다. 안전한 주행을 했을 때, 높은 보상을 주고 위험한 주행을 하면 보상을 낮추거나 페널티를 주는 식으로 설정할 수 있다.

강화 학습의 목표는 보상을 최대화하는 방향으로 정

책을 최적화하는 것이다. 예를 들어, 자율 주행 차량이 안전한 주행을 하면서도 원활한 교통 흐름을 유지하는 전략을 학습하도록 설계할 수 있다.

모든 가능한 행동에 대한 보상을 계산하여 최적의 행동을 선택하는 것이 원칙이지만, 현실적으로는 가능한 모든 경우의 수를 계산하는 것이 거의 불가능하다. 특히 자율 주행의 경우, 수많은 변수(보행자, 신호등, 도로 상태 등)가 존재하므로 전수 조사 방식은 적용할 수 없다.

이 문제를 해결하기 위해 강화 학습에서는 근사 방식과 탐색 기법(exploration strategies)을 활용하여 확률적으로 최적의 정책을 학습한다. 대표적인 방법으로는 다음과 같은 기법이 있다.

딥 Q-네트워크(DQN)

상태와 행동의 모든 조합에 대한 가치를 기반으로 행동을 결정하는 Q-러닝(Q-learning)을 신경망으로 확장한 방법으로, 각 상태에서 가능한 행동들의 가치를 예측하여 가장 좋은 행동을 선택하도록 학습한다(Mnih et al., 2015). 예를 들어 자율 주행 차량이 신호등 앞에서 '멈출지, 계속 진행할지' 결정할 때, DQN은 각 행동에 대한 예상 보상을 학습하여 최적의 행동을 선택할 수 있다.

정책 경사법

행동의 가치를 예측하는 방식(Q-learning) 대신, 에이전트가 직접 최적의 정책을 학습하도록 한다. 이 방법은 확률적으로 행동을 선택하는 방식을 사용하며, 연속적인 행동 공간에서 특히 유용하다. 예를 들어 차량이 가속 페달을 밟을 때 "0~100% 중 얼마나 밟을 것인가?"와 같은 연속적인 조절이 필요한 경우 유용하다.

배우-비평자 방법

정책 경사법과 가치 기반 방법을 결합한 방식으로, 행동을 결정하는 배우(Actor)와 행동의 가치를 평가하는 비평자(Critic)가 함께 작동하여 학습을 최적화한다. 자율 주행 차량이 "현재 속도를 유지하는 것이 좋은 결정인가?"를 평가하는 비평자(Critic)와 "현재 속도를 올릴 것인가, 줄일 것인가?"를 결정하는 배우(Actor)가 함께 학습할 수 있다.

이러한 기법을 활용하면 자율 주행 차량은 불확실한 환경에서도 최적의 주행 전략을 학습 할 수 있다.

자율 주행 차량에서 강화 학습은 현재 상황에서 최적의 운전 결정을 내리는 데 중요한 역할을 한다. 강화 학습의 개념에서 보상을 운전자의 이익 및 안전으로 치환하면, 차량은 운전자의 이익이 최대화되는 방향으로 학습된 정책을 따르게 된다. 즉, 차량이 주변 환경을 최대한 인식하고, 안전하고 효율적인 주행을 수행하는 방향으로 학습하는 것이다.

이를 통해 자율 주행 차량은 단순히 '목적지까지 도달하는 것'을 넘어서, 교통 법규 준수, 보행자 보호, 사고 회피, 연료 효율성 최적화 등의 목표를 포함하는 정책을 학습할 수 있다.

자율 주행 자동차와 윤리 문제

자율 주행 차량이 운행을 시작하기 전에 해결해야 할 중요한 윤리적 문제가 존재한다. 우리가 운전을 하면서 겪는 판단 상황은 종종 윤리적인 문제와 직결되며, 이는 자율 주행 차량에서도 마찬가지다. 예를 들어 트롤리 문제(Trolley Problem)로 잘 알려진 윤리적 딜레마가 운전 상황에서도 발생할 수 있다. 이는 어떤 선택이 더 나은 선택인지를 결정하는 문제로, 자율 주행 차량이 도로 위에서 선택을 내려야 할 때, "운전자를 보호하기 위해 다른 사람에게 해를 끼치는 것이 정당한가?", "비상 상황에서 인명을 구하기 위해 선택을 해야 할 때, 자율 주행 차량은 누구를 우선시해야 하는가?” 등과 같은 질문들을 마주하게 될 수 있다.

이러한 윤리적 결정은 단순히 기술적 판단이 아닌, 도덕적이고 가치 있는 기준을 바탕으로 해야 한다. 사회적 합의가 필요하며, 이는 법적, 도덕적, 문화적 배경을 반영해야 한다. 예를 들어, 어떤 사람들은 운전자의 생명을 최우선으로 보호해야 한다고 생각할 수 있고, 또 다른 사람은 더 많은 생명을 구하기 위해 다른 사람을 희생할 수 있다고 판단할 수도 있다. 이런 다각도의 의견을 반영하여 자율 주행 차량이 도로에서 발생할 수 있는 다양한 윤리적 상황에 대한 명확한 기준을 마련해야 한다.

이때 자동차 개발자와 정책 입안자들은 자율 주행 차량이 마주할 수 있는 윤리적 상황에 대한 프로그래밍 및 알고리즘을 정립해야 하며, 이러한 윤리적 기준을 사전에 정의하는 과정이 필요하다. 이를 위해 모럴 머신(Moral Machine) 프로젝트가 중요한 역할을 한다(Awad et al., 2018).

모럴 머신은 매사추세츠공과대학(MIT)의 연구팀이 개발한 온라인 플랫폼으로, 자율 주행 차량이 윤리적 결정을 내려야 하는 상황에서 어떻게 행동할지에 대한 대중의 의견을 수집하는 역할을 한다. 이 프로젝트는 사용자가 트롤리 문제와 유사한 윤리적 딜레마를 경험하면서 자율 주행 차량이 마주할 수 있는 다양한 상황에서 어떤 선택을 해야 하는지에 대해 결정을 하도록 유도한다.

이를 통해 사람들의 윤리적 판단 기준을 파악하고, 자율 주행 차량이 운전 중 발생할 수 있는 도덕적, 윤리적 질문에 대한 공통된 사회의 기준을 찾아가는 데 도움을 준다. 예를 들어, 누구의 생명을 더 중요하게 여길 것인지, 몇 명의 생명을 구할 것인지와 같은 질문을 다룬다. 이 과정은 자율 주행 차량이 윤리적 결정을 내릴 수 있도록 돕는 중요한 데이터 소스가 된다. 또한 사회적 합의를 바탕으로 윤리적 프로그래밍을 구체화하는 데 기여할 수 있다.

자율 주행 차량이 윤리적 판단을 내리는 과정은 단순히 기술적 문제를 넘어, 사회적 책임과 밀접한 관련이 있다. 자율 주행 기술이 발전하면서도, 기술적 안전성뿐만 아니라 도덕적 안전성도 중요한 고려 요소로 떠오르고 있다. 윤리적 딜레마와 가치 충돌을 어떻게 처리할 것인가는 자율 주행 기술의 미래와 사회적 수용 가능성을 결정짓는 중요한 요소가 될 것이다.

결국 자율 주행 차량의 윤리적 판단은 단순히 사람의 생명만을 고려한 판단이 아닌, 사회적 가치와 도덕적 기준을 종합적으로 반영한 결정이어야 한다. 이 과정에서의 투명성과 사회적 합의가 자율 주행 기술의 신뢰성을 높이고, 미래의 도로 안전과 공공의 신뢰를 보장하는 중요한 기반이 될 것이다.

참고문헌

신재곤(2020). 자율주행자동차의 안전기준과 향후 추진 방향. ≪월간교통≫, 273, 13-19, 한국교통연구원.

Awad, E., et al.(2018). The moral machine experiment. *Nature*, 563(7729), 59-64.

Dickmanns, E. D.(2002). The development of machine vision for road vehicles in the last decade. *International journal of computer vision.*

Mnih.,V., et al.(2015). Human-level control through deep reinforcement learning. *Nature,* 26;6518(7540):529-533.

SAE International(2016). Taxonomy and definitions for terms related to driving automation systems for on-road motor vehicles. J3016_201609.

Sutton, R. S. & Barto, A. G.(2018). *Reinforcement learning: An introduction* (2nd ed.). MIT Press.

Watkins, C. J. C. H.(1989). Learning from delayed rewards (Ph. D thesis). University of Cambridge.

09
신인류, 로봇

인류는 오래전부터 노동으로부터의 해방을 바라 왔는데, 이는 고대 신화에서도 그 흔적을 살펴볼 수 있다. 이러한 상상에서 시작한 로봇은 현재 하드웨어의 발전으로 제한적인 범위에서 인간의 행동과 유사하게 움직이거나 더 뛰어난 성능을 보이는 상황이 되었다. 그러나 아직 인간과 같은 사고를 하고 판단을 할 수 있는 인공지능은 부족한 상황이다. 여기에서는 인간과 유사한 로봇의 발전을 위해서 필요한 범용 인공지능에 대해서 살펴본다.

AI와 화장품?

로봇의 등장

'로봇(Robot)'이라는 단어는 1920년 체코의 작가 카렐 차페크(Karel Čapek)의 연극 R.U.R.(Rossum's Universal Robots)에서 처음 등장했다(Čapek, 1920). 이 단어는 노동을 의미하는 체코어 '로보타(Robota)'에서 유래했으며, 기계적 노동자를 의미하는 개념으로 사용되었다. 하지만 자동으로 움직이는 기계에 대한 개념 자체는 훨씬 오래전부터 존재해 왔다.

고대 그리스 신화에서는 대장장이 신 헤파이스토스(Hephaestos)가 인간을 돕는 자동 기계를 만들었다는 이야기가 전해진다. 또한 크레타섬을 지키는 청동 거인 탈로스(Talos) 역시 일종의 자동 기계로 묘사된다. 이러한 신화 속 기계들은 인간이 스스로 움직이는 도구에 대해 오래전부터 상상해 왔음을 보여 준다.

중세와 르네상스 시대에는 기계적인 원리로 움직이는 자동 기계, 오토마타(Automata)가 제작되었으며, 15세기 레오나르도 다빈치(Leonardo da Vinci)는 인간형 기계 기사(knight automaton)를 설계하기도 했다. 18세기에는 프랑스의 자크 드 보캉송(Jacques de Vaucanson)이 기계식 오리를 제작하여 단순한 자동 기계가 실제로 작동할 수 있음을 증명했다(Vaucanson, 1738). 이러한 기계들은 인간이 원하는 특정한 동작을 수행하도록 설계되었으며, 근대적인 로봇의 개념과 연결된다.

현대적인 로봇은 20세기 중반부터 본격적으로 개발되기 시작했다. 노버트 위너(Norbert Wiener)의 사이버네틱스(Cybernetics) 개념은 1950년대 로봇과 인공지능의 발전에 큰 영향을 미쳤다(Wiener, 1948). 그는 기계가 피드백을 기반으로 동작을 조정할 수 있음을 제안하였으며, 이는 이후의 자율 시스템 개발에 중요한 기초가 되었다.

1961년, 최초의 산업용 로봇 '유니메이트(Unimate)'가 제너럴 모터스(General Motors)의 공장에 도입되면서 로봇이 실제 산업 환경에서 활용되기 시작했다. 유니메이트는 단순한 반복 작업을 자동화하는 기계였지만, 이후 로봇 기술은 더 정교한 작업을 수행할 수 있는 수준으로 발전했다. 현재는 용접, 조립, 도장 등 위험하거나 정밀한 작업을 수행하기 위해 로봇이 널리 사용된다. 예를 들어 일본의 화낙(FANUC)이나 스위스의 ABB의 로봇 암은 초정밀 용접과 조립 작업에 사용되며, 독일 쿠카(KUKA)의 협동 로봇(Collaborative Robot)은 작업자와 함께 안전하게 작업을 할 수 있도록 설계되었다. 테슬라나 BMW 같은 자동차 생산 업체에서 이러한 로봇들을 활용하여 자동차를 생산하고 있다.

로봇은 산업 분야뿐 아니라 가정, 의료, 군사, 우주 탐사 등 다양한 분야에서 활용되고 있다. 가정에서 사용하는 청소 로봇이라든가 정밀한 수술을 위해 사용하는 로봇 팔, 또는 음식점에서 음식을 조리하거나 서빙하는 로봇들을 쉽게 접할 수 있다. 또한, 군사 및 구조의 목적으로 로봇을 개발하고 있는 보스턴 다이내믹스(Boston Dynamics) 같은 기업도 있으며, 미국 항공우주국(NASA)에서는 우주 탐사 임무에 마스 로버(Mars Rober) 같은 로봇을 투입하고 있다.

로봇의 정의는 분야에 따라 차이가 있을 수 있으나 국제표준화기구(ISO, International Organization for Standardization)에 따르면 "로봇은 프로그램 가능한 제어에 의해 다양한 작업을 수행할 수 있는 다목적의 조작 장치로, 물리적 환경과 상호작용하는 기계 장치"라고 정의한다(ISO 8373:2021, 2021). 이 정의에 따르면, 자율주행 차량이나 드론 같은 장치들도 로봇으로 분류할 수 있다. 다만 사람의 신체 구조와 유사한 형태의 로봇을 휴머노이드(Humanoid)라 하고, 인간과 유사한 외형을 가지고 인간과 상호작용을 할 목적으로 만들어지는 로봇은 안드로이드(Android)라 한다. 이러한 구분은 로봇의 외형에 따른 구분으로 로봇의 목적에 따른 구분과 달리 정해진 규격이 존재하는 것은 아니다. 어질리티 로보틱스(Agility Robotics)의 디지트(Digit, 2023), 앱트로닉(Apptronik)의 아폴로(Apollo, 2023), 테슬라의 2세대 옵티머스(Optimus Gen2, 2023), 보스턴 다이내믹스의 아틀라스(Atlas, 2024, 이상 미국), 생추어리 AI(Sanctuary AI)의 피닉스(Pheonix, 2024, 캐나다), 유니트리(Unitree)의 H1(2023), 유비테크(Ubtech)의 워커 S1(WalkerS1, 2024, 이상 중국), 1X테크놀로지스(1X Technology)의 이브(Eve, 2019, 노르웨이) 등이 최근의 휴머노이드다. 이렇게 활발하게 개발이 이루어지고 있는 휴머노이드에 비해 안드로이드는 아직 미디어에만 등장하는 존재에 가깝다. 〈블레이드 러너〉(1982)나 〈터미네이터〉(1984) 같은 영화나 드라마 〈웨스트월드〉(2016)에 나오는 인조인간들이 안드로이드다.

그 외에도 네 발로 움직이는 보스턴 다이내믹스의 스팟(Spot) 같은 로봇이나 해양 탐사를 목적으로 하는 로보피시(Robofish) 같은 동물형 로봇들도 존재한다. 이 외에도 혈관을 따라 이동하며 치료를 목적으로 물질을 전달하는 나노 로봇도 개발되고 있다.

로봇 기술의 발전

로봇이 여러 분야에서 활발하게 활용되는 배경에는 하드웨어적인 발전과 함께 인공지능의 발전으로 로봇의 자율성이 향상되고 있다는 점도 한몫을 하고 있다. 머신러닝과 딥러닝을 이용한 로봇 기술의 개발로 더 정교한 동작을 수행하고, 환경을 인식하며, 인간과 상호작용할 수 있게 되었다.

로봇 기술과 연관이 있는 머신러닝 및 딥러닝의 기술로 컴퓨터 비전, 자연어 처리, 그리고 강화 학습을 꼽을 수 있다. 컴퓨터 비전을 활용해 로봇이 주변 환경을 분석하고 물체를 인식할 수 있고, 자연어 처리를 통해 인간과의 의사소통이 가능한 청소 로봇의 구현 등이 가능해지는 것이다. 그리고 강화 학습을 통해서 최적의 행동을 학습하도록 할 수 있다.

인공지능 발전의 측면에서 로봇의 발전을 살펴보면, 현재의 로봇은 주로 특정 작업을 수행하는 데 최적화되어 있는 수준에 머무르고 있다. 로봇의 발전과 관련하여 인공지능의 발전 단계를 보면 다음과 같이 볼 수 있다.

약인공지능

로봇 분야에서는 산업용 로봇이나 가정용 로봇 청소기

등이 이에 해당하며, 정해진 프로그램에 따라 특정 작업을 수행한다.

강인공지능

로봇 분야에서는 완전 자율 로봇이 강한 인공지능을 활용해야 하며, 예를 들어 자율적으로 의사 결정을 내리는 간병 로봇이 이를 목표로 연구되고 있다.

초지능

이 단계의 인공지능이 실현된다면 사회적 · 윤리적 영향을 포함하여 거대한 변화를 가져올 가능성이 있다. 군사 및 연구용 로봇에서 인간보다 더 뛰어난 판단을 내릴 수 있는 인공지능이 개발될 경우, 윤리적 문제와 함께 활용 방안에 대한 논의가 필요할 것이다.

현재 우리는 대화형 인공지능, 이미지 분석, 로봇 제어 등 특정 목적을 위한 기능을 수행하는 것에 최적화되어 있는 약인공지능의 시대에 도달했다. 물론 현재의 시스템도 강력한 성능을 보이지만, 특정 문제를 해결하는 데 집중되어 있어 인간과 같은 범용적 사고 능력을 갖추지는 못하였다. 현재 인공지능의 한계점은 다음과 같다.

범용적 사고 능력이 부족하다. 인간처럼 다양한 문제를 이해하고 창의적으로 해결하는 능력이 없다.

데이터 의존성이 크다. 인공지능은 대량의 데이터를 필요로 하며, 데이터가 부족하거나 편향될 경우 부정확한 결과를 도출할 수 있다.

추론과 이해 능력이 부족하다. 자연어를 처리하는 인공지능은 문맥을 파악하는 능력이 제한적이며, 인간처럼 복잡한 논리를 이해하는 데 어려움을 겪는다.

자율적 학습의 어려움이 따른다. 강화 학습과 같은 기법이 발전했지만, 인공지능이 새로운 환경에 적응하고 지속적으로 학습하는 능력은 여전히 제한적이다.

윤리적, 법적 문제가 존재한다. 인공지능이 잘못된 결정을 내릴 경우 책임 소재가 불분명하며, 개인 정보 보호 및 악용 가능성 등의 윤리적 문제가 존재한다.

현재 이러한 문제점을 극복하여 강인공지능과 궁극적으로 초인공지능의 개발을 목표로 하고 있으며 이를 실현하기 위한 혁신적인 접근 방식이 필요하다.

로봇과 윤리적 문제

로봇이 인간의 사회에서 점차 중요한 역할을 함에 따라, 윤리적인 문제도 제기되고 있다. 로봇이 인간의 역할을 대체하면서 발생하는 문제부터 행동을 스스로 하는 로봇의 책임 소재까지 여러 가지 문제가 발생할 수 있을 것으로 예상되고 이에 대한 답이 필요하다.

로봇 윤리의 초석을 다진 아이작 아시모프(Isaac Asimov)는 1942년 그의 단편 소설에서 로봇 3원칙(Three Laws of Robotics)을 제시했다(Asimov, 1950).

1. 로봇은 인간에게 해를 끼치거나, 행동을 하지 않음으로써 인간이 해를 입도록 해서는 안 된다.
2. 로봇은 인간의 명령에 복종해야 한다. 단, 그 명령이 첫 번째 원칙과 충돌하지 않는 경우에 한한다.
3. 로봇은 스스로를 보호해야 한다. 단, 이 보호가 첫 번째 및 두 번째 원칙과 충돌하지 않는 경우에 한한다.

이 원칙은 로봇의 행동 기준을 설정하기 위한 기초적인 개념이지만, 실제로 법적 · 윤리적 문제를 해결하기 위해서는 더 많은 논의가 필요하다. 실제로 적용하여 활용하기 위한 명확한 판단 기준을 제시하기 어렵기 때문이다. 로봇이 노동을 대체하면서 발생하는 실업 문제, 로봇이 자율적인 판단을 내릴 경우의 법적 책임 소재, 그리고 감시 · 통제 수단으로의 악용 가능성 등이 중요한 논점으로 떠오르고 있다.

로봇 윤리는 단순히 기술적인 문제를 넘어 인류 사회 전체의 문제다. 로봇과 공존하는 미래를 위해서는 사회적 합의, 교육과 인식 개선, 기술 개발과 미래 사회에 대한 대비가 필요하다.

로봇은 인류에게 편리한 미래를 가져다줄 수 있지만, 동시에 예상치 못한 위험과 윤리적인 문제도 안고 있다. 로봇과 함께 살아가는 미래 사회를 위해서는 인류가 함께 문제를 인식하고 해결하는 데 참여해야 할 것이다.

참고문헌

Asimov, I.(1950). *I, Robot.* Gnome Press.

Čapek, K.(1920). R.U.R.(Rossum's Universal Robots). Prague: Aventinum.

International Organization for Standardization(2021). ISO 8373:2021 Robots and robotic devices-vocabulary. ISO.

Vaucanson, J. de.(1738). Le Canard Digerateur. Paris.

Wiener, N.(1948). *Cybernetics: Or control and communication in the animal and the machine.* MIT Press.

10
AI와 인류의 미래는?

최근 등장한 알파고나 GPT와 같은 놀라운 AI 시스템은 인류에게 새로운 희망을 주기도 했지만, 인간이 AI에 밀려날지도 모른다는 두려움을 동시에 주고 있다. 인간과 AI가 공존하는 미래 사회는 이미 여러 소설이나 영화에서 긍정적이든 부정적이든 간에 단골 소재가 되어 왔다. 여기서는 인류와 AI가 상생하는 바람직한 미래를 준비하기 위한 여러 활동이나 법 제정을 살펴본다.

종교와 AI?

AI의 미래

인공지능 개발 초기인 1차 붐 시기에는 튜링 테스트(1950)나 일라이저(1966) 등 계산 모델로 인간 수준의 강인공지능에 도전하였음을 알 수 있다. 이들이 실패하고, 마이신(1970) 등의 전문가 시스템이 개발된 2차 붐은 한 분야에만 집중한 약인공지능이 규칙 생성 시스템 등의 계산 모델로 개발되었다. 이 중 몇몇 전문가 시스템은 말 그대로 한 분야의 전문가 수준에 이르렀으며, 더 나아가 딥블루(1997)는 체스에서, 왓슨(2010)은 퀴즈에서 인간 챔피언을 이기면서 인간 전문가 수준을 넘어서는 쾌거도 달성했다. 그러나 계산 모델이 한계에 부닥치면서 인간의 생물학적인 뉴런을 흉내 낸 인공 신경망 시스템이 개발되고 심층 학습이 이루어지면서, 연결주의에 기반한 약인공지능 시스템 개발이 활성화되는 제3차 붐이 일어나 지금에 이르고 있다. 이런 예로는 이미지(번호판, 얼굴) 인식, 음성 인식, 자동 통/번역 등 우리가 지금도 유용하게 쓰는 여러 도구가 있으며, 바둑의 알파고(2016)나 단백질 분석의 알파폴드(2018) 등은 인간 수준을 넘어서기에 이르렀다. 2018년 대규모 언어 모델(LLM)에 엄청난 양의 문서를 학습시킨 GPT의 등장으로 인간 작가, 화가, 작곡가 등을 대치하려는 AI 크리에이터 시스템들이 인간 수준의 작품들을 만들 수 있는 수준에 이르렀다. 여기에 음성 비서 시스템이 통합되면서 드디어 앨런 튜링이 꿈꾸었던 인공지능인 튜링 테스트를 통과할 만한 수준에 이르고, 심지어는 인간 지능을 능가하는 슈퍼 인공지능이 탄생할지도 모른다는 기대와 위협이 공존하고 있다.

로봇의 경우, 이미 공장에서 산업용 조립 로봇, 자동 운반 로봇이 널리 사용되고 있으며, 의료용인 수술 보조 로봇, 나노 로봇 등이 있다. 가정용으로는 로봇 청소기, 애완용 로봇, 간병 로봇 등이 있으며, 군사나 탐사용으로 우주 탐사선, 무인 정찰기, 폭발물 제거 로봇 등이 있다. 이들 로봇이 좀 더 지능화되면 인간의 삶이 더 편리해지긴 하겠지만, 사람의 일자리 대체, 군사용 킬링 로봇 등의 윤리적 문제가 더 심각해질 것으로 예측되고 있다.

또 무인 AI 서비스에서는 가장 관심이 고조되고 있는 무인 자율 주행 자동차를 비롯해 자율 주행 드론 등에 의한 무인 택배, 무인점포 등이 확산될 것으로 예측되고 있다. 자율 주행차의 경우, 2016년까지 구글의 자율 주행차가 240만 킬로미터 주행을 달성하였는데, 이 중 발생한 14번의 사고 가운데 13번이 상대방 인간 운전자의 실수로 알려져 있다. 또, 2016년 테슬라는 완전 자율 운전

기능을 탑재하였고, 2017년부터 여러 나라(미국, 싱가포르, 일본 등)에서 자율 주행차가 시범적으로 도입되고 있다. 자율 주행차의 장점으로는 적은 사고율로 인간 운전자보다 더 안전하며 궁극적으로 자동차의 소유보다 공유를 통해 주차 공간, 대기 시간, 에너지 낭비를 줄일 수 있다는 점이 있다. 반면, 단점은 사고 시 책임 소재가 제조사에 있는지 차량 동승자에 있는지가 불분명하고 해킹 가능성이 있다는 것, 운전 관련 많은 직업이 사라질 것 등이다.

딜레마

예를 들어 자율 주행차의 트롤리 딜레마가 있는데, 자율 주행차 앞에 갑자기 다수의 사람이 나타났을 때, 사람은 없지만 나무가 있는 왼쪽으로 피하면 동승자(차 소유자)가 다칠 수 있고, 오른쪽으로 피하면 다른 소수의 사람이 위험하다면 AI 알고리즘은 어떤 길을 택할까? 사람이 운전할 경우, 모든 책임을 운전자가 지고 왼쪽으로 결정할 확률이 높다. 그러나 책임 소재가 불분명한 자율 주행차 알고리즘의 경우는 쉽게 결정할 수 없으며, 자율 주행차 판매를 위해 차에 타고 있는 소유자(또는 동승자)의 안전을 더 중요시해 오른쪽을 선택할 것이라는 의심을 받았다. 이에 대한 한 가지 해결책으로 자율 주행차 구매할 때 구매자가 왼쪽을 선택하면 보험료를 낮춰 주는 선택지를 제공하기도 했다고 한다. 실제 대표적인 자율 주행차 사고로는 테슬라 운전자 사망 사고(2016.5)가 있다. 이 사고는 미국 플로리다에서 한 운전자가 테슬라의 자율 주행 기술인 '오토파일럿'을 켜고 영화를 보고 있었는데, 카메라 센서가 상대편 트럭의 흰색 측면을 구름으로 잘못 인식해 그대로 충돌하여 사망에 이르게 된 사건이다. 자율 주행차 사고에 관한 법들이 우리나라를 포함한 여러 나라에서 제정되고 있는데, 대부분 위급 시에는 사람이 운전해야 한다는 조항을 두고 있어서 이 사고의 경우도 영화를 보고 있었다는 이유로 운전자에게 책임을 물렸다. 그러나 자율 주행차의 본래 목적이 사람이 운전을 안 한다는 것이므로 이는 현실적이지 못하다. 또 다른 예로는 2018년 애리조나에서 우버의 자율 주행차가 음영 지역에서 갑자기 튀어나온 보행자를 미처 못 피하고 치어서 사망에 이르게 한 사고가 있다. 미국은 주마다 법이 달라 이 경우 특별조사위원회가 구성되고 사고를 낸 자율 주행차의 블랙박스 영상을 분석하여 제조사에 책임을 물렸다고 한다. 이 사고 영상을 본 사람들은 사고가 너무 순식간에 벌어져 사람이 운전해도 못 피했을 것이라는 동정론이 일었지만, 조사위원회는 인공지능 운전 시스템이 사람보다 더 빠르게 반응하여 조금이라도 빨리 핸들을 틀었다면, 사망까지는 이르지 않았을 것이라고 판단했다. 이는 자율 주행차의 운전이 사람보다 더 우월해야 한다는 가이드라인을 준 것이라고 볼 수 있다. 이후 각 나라들은 자율 주행차를 시범적으로 도입했는데, 우리나라도 2022년 2월 서울 상암을 시작으로 판교, 제주도로 확대되고 있다. 특히, 미국 샌프란시스코에서는 2023년 구글의 웨이모, GM의 크루즈가 세계 최초로 자율 운전차 상용 서비스를 시작하였다. 영국은 2026년부터 자율 주행차가 도로에 나올 수 있도록 법을 제정했는데, 사고 발생 시 책임 소재를 명확히 하기 위해, 자율 주행 모드가 활성화된 동안에는 제조사가 책임을 지도록 했다(AI TIMES, 2024.5.21).

현실

4차 산업혁명의 핵심인 인공지능이 가져올 미래는 유토피아와 같은 장밋빛 미래일 수도 있지만 인류의 위협이 될 수도 있다. 예를 들어 가장 우려가 되는 로봇의 일자리 대체의 경우, 인공지능은 인류의 희망이 아니라 재앙이 될 수도 있을 것이다. 그중에서도 자동화 대체율이 높은 직업으로는 단순 반복적이고 정교함이 떨어지는 동작을 하거나 사람들과 소통이 상대적으로 낮은 직업(텔레마케터, 회계사, 계산원, 속기사, 중개인, 단순 제조업 종사자, 운전사 등)을 들었다. 반면, 자동화로 대체하기 어려운 직업으로는 감성에 기초한 예술 관련 직업(배우, 화가, 작가, 가수, 디자이너 등)이 꼽혔는데, 최근 AI 크리에이터의 등장으로 이들 직업도 안전지대가 아니게 되었다.

이외에 AI가 논란을 일으켰던 주요 사례는 다음과 같다.

- 2016.3 : MS가 AI 챗봇 '테이' 서비스를 시작하면서 일반 사용자에게 언어 학습을 시킬 수 있도록 했는데, 사람들이 인종 차별, 성 차별 발언들을 가르쳐서 하루 만에 운영 중단
- 2018.10 : 아마존의 AI 면접시스템에 여성, 인종 차별 문제가 발생하여 개발 중지
- 2020.6 : IBM, 아마존, MS가 미국 경찰에 제공하는 AI 안면인식 관련 사업을 철회
- 2021.4 : 한국 AI 챗봇 '이루다'의 성희롱, 차별, 혐오 논란이 개인의 채팅 데이터 보호 위반하여 서비스 중지하고, 과징금 1억 부과

• 2024.3 : 프랑스의 독점 규제 기관인 경쟁관리국은 구글이 거대 언어 모델 AI 챗봇 '바드'를 2023년 출시하면서 프랑스 언론사들의 콘텐츠를 무단 사용했다고 과징금 2억5000만 유로(약 3600억 원) 부과(한국일보 2024.3.20).

2024년 이후 사회관계망서비스(SNS) 얼굴 사진에 음란물을 합성해 유포하는 딥페이크 성범죄 피해가 늘고 있으며 누구나 피해자가 될 수 있다. 2024년 피해 영상물에 등장하는 인물의 53%가 한국인, 가해자의 75%가 10대로 분석되는 등 심각한 상황이지만, 텔레그램 같은 해외 SNS 사이트를 이용해 가해자 찾기에 어려움이 있다. 한국에서는 2024년 10월 딥페이크 성 착취물을 소지, 시청만 해도 처벌하는 '성폭력 범죄의 처벌 등에 관한 특례법 일부 개정안'을 공포하였다(CBS 노컷뉴스, 2024.10.10). 이 법안은 딥페이크 성 착취물을 소지 · 구입 · 저장하거나 시청한 자에 대한 처벌 규정을 신설해 3년 이하의 징역이나 3천만 원 이하의 벌금에 처할 수 있도록 규정하고 있다. 또 딥페이크 성 착취물에 대한 편집 · 반포 등의 법정형을 기존 5년 이하에서 7년 이하로, 영리 목적인 경우 법정형을 7년 이하의 징역에서 3년 이상의 유기 징역으로 강화하고, 딥페이크 성 착취물을 이용한 협박에 대한 처벌 규정을 신설해 1년 이상의 유기징역에 처하도록 강화했다.

이런 불안한 미래에 대처하기 위해 유럽연합(EU) 의회는 2017년 2월 AI 로봇을 전자 인간으로 규정하는 '로봇시민법'을 통과시켜 로봇의 법적 지위와 의무를 부여하였다(파이낸셜뉴스, 2017.1.13). 이는 역사상 최초로 AI 로봇의 지위와 AI 로봇 개발 및 활용에 대한 가이드라인을 제시한 사례가 되었다. 그 내용은 AI 로봇이 인류에 도움을 줄 수 있어야 한다는 대전제 아래 기술적, 윤리적 기준을 마련하였는데, 예를 들어 AI 로봇이 사고를 일으키면 정부가 개입하여 즉시 정지시킬 수 있는 소스 코드 접근 권한(킬스위치)을 의무화했다. 또 아이작 아시모프의 공상 과학 소설에 나오는 로봇 3원칙이 기본 원칙으로 채택됨으로써 군사용 킬링 로봇 생산을 금지할 수 있는 근거를 마련했다. 반면 일자리 문제에 대해서는 독일에서 로봇 1개당 일자리 33개가 사라진 예를 들어, EU의회에서는 로봇에 세금(로봇세)을 매기고, 모든 국민에게 돈을 지급하는 '기본 소득' 도입 문제도 논의되었지만, 당시에는 부결되었다. 그렇지만 이 문제는 이후 유럽의 여러 대통령 후보들이 공약으로 제시하는 등 머지않은 미래에 도입될 것으로 예측되고 있다. 이 밖에 핵심 권고로 EU 안에 AI 기술 윤리 기구를 신설하고 고용 모델 및 조세 시스템 개편을 연구하기로 하는 등 곧 다가올 AI 로봇 시대를 착실하게 준비하고 있다.

또 2017년 세계경제포럼(WEF)에서는 '인공지능과 로봇 공학 기술이 인간의 통제를 벗어날 위험이 있다'고 지적하였는데, 특히 "군사용 로봇 개발 경쟁과 '초지능(super intelligence)'이 인류의 생존을 위협할 수 있다"고 우려했다. 실제로 2017년 말에 UN에서 킬링 로봇 개발을 금지하려는 회의를 열었으나, 이미 개발 중인 선진국들이 반대하여 통과되지 못했다.

2017년 2월에는 미국 캘리포니아 아실로마에서 열린 국제회의에 대표적인 인공지능 연구자들이 모여 AI 개발의 23개 원칙을 담은 '아실로마 AI 원칙'이 제정되었다. 이 원칙은 우리 사회가 인공지능을 다룰 때 유념해야 할 기본적인 가치와 태도를 환기하고 있는데, 인공지능(AI)은 인간 존엄, 권리, 자유, 문화 다양성의 이상에 부합하도록 설계되고 만들어져야 한다고 전제했다. 이 아실로마 원칙에 일론 머스크(테슬라)를 비롯해 천체물리학자 고 스티븐 호킹, 데미스 허사비스 구글 딥마인드 CEO, 저명한 미래학자인 레이먼드 커즈와일 등 총 2000여 명의 과학 · 기술계 주요 인사가 지지 서명을 했다. 총

23개 원칙은 연구 이슈에 관한 5개 원칙(1~5)과 윤리와 가치에 대한 13개 원칙(6~18), 장기적 이슈에 관한 5개 원칙(19~23)으로 이루어져 있으며 주요 원칙은 다음과 같다(IT동아, 2023.12.12).

8. 자율 시스템이 사법 결정 과정에 관여하게 된다면 (이에 대한) 인간 전문가의 감사가 가능할 수 있도록 충분한 설명을 제공해야 한다.

15. AI로 인한 경제적 풍요는 전 인류에게 이롭도록 널리 공유해야 한다(일자리 불안감 불식, 기본 소득 도입).

16. AI에 결정권을 이양하느냐는 인간이 결정한다(인간의 주도권).

18. 살상 가능한 자율적 무기로 인한 군비 경쟁은 지양해야 한다.

22. AI로 인해 촉발될 수 있는 재앙, 존재적 위험에 대응하기 위해 상응하는 완화 노력을 기울여야 한다.

여기서 더 나아가 유럽연합은 AI 규제 법안을 마련하여 2026년 8월부터 전면적으로 시행할 예정이다(연합뉴스, 2024.8.1). 여기서는 AI 위험을 다음과 같이 4단계로 분류해서 차등 규제한다.

1. 허용할 수 없는 위험 : 원천 금지

인간의 기본적 권리를 침해할 가능성이 있는 AI 기술로 다음과 같은 예가 있다.

사회적 점수 평가(소셜 스코어링) : 개인의 특성, 행동 관련 데이터로 개별 점수 채점, 인터넷, CCTV에서 얼굴 이미지를 무작위로 수집 후 DB 구축, 법 집행 기관의 실시간 원격 생체 인식 시스템 사용

2. 고위험 : 의료, 교육, 선거 등 핵심 인프라에 활용되는 AI 기술로, 인간이 감독하고 위험 관리 시스템 구축

3. 제한된 위험 : 챗봇 자동 응답, 딥페이크 콘텐츠 등으로, 사용자에게 AI 이용, 조작 여부를 알려야 함

4. 최소 위험 : AI 기반 비디오 게임, 스팸메일 분류 등으로, 자유로운 사용 가능

이 유럽연합의 세계 최초 AI 규제법이 실질적인 효과를 발휘하기 위해 금지되는 AI 이용 행위에 대한 과징금을 다음과 같이 엄청난 액수로 책정했다. 과징금은 AI 기술 관련 잘못된 정보를 제공하면 전 세계 매출액의 1.5%, 의무 규정을 위반하면 3%, 금지된 AI 애플리케이션을 사용하면 최대 7%까지 또는 3500만 유로(약 518억원) 중 더 높은 금액을 부과하여 아예 이런 시도를 원천

봉쇄하는 효과를 노렸다.

한국도 유럽 AI 규제법에 이어 2024년 12월 세계 두 번째로 AI 기본법을 통과시켰는데, 그 주요 내용은 다음과 같다(파이낸셜뉴스, 2024.12.26).

- AI 생성물에 워터마크 삽입을 의무화
- '고영향 AI' 개념을 도입하여 사람의 생명, 안전, 기본권에 중대한 영향을 미칠 수 있는 기술로 정의하고 이를 제공하는 사업자의 책임을 강화하고 사용자에게 고영향 AI임을 사전 고지 의무화
- 해외 기업도 AI 사업자로 분류되면 국내법 적용 대상으로 국내 대리인을 지정해 안전성, 신뢰성을 확보하도록 지원
- 산업 지원과 협력 강화로는 대통령 소속 국가인공지능위원회를 설치해 주요 정책 사항을 심의, 의결하고 연구, 개발자가 소속된 민간 인공지능윤리위원회를 설치함
- 과태료로는, 사업자 의무를 위반하거나 시정 명령을 이행하지 않을 경우, 최대 3000만 원을 부과

그러나 이 AI 기본법은 '고영향 AI' 범위 문제나 너무 작은 과태료 등 또 다른 과제를 해결해야 한다는 지적을 받고 있다. AI와 같이 새로운 기술이 발명되면, 관련 법

이 없거나 미비해서 법적 규범으로 법체계 안에 들어와야 한다. 이에는 합법, 조건부 합법/불법, 불법 등이 있다. 또 그 기술이 인간에게 윤리적(선)인지 비윤리적(악)인지를 나눌 수 있으며, 경우에 따라서는 차선/차악인 경우도 있다. 따라서 재난 구조 로봇이나 약자 도우미 로봇 같은 윤리적인 AI 기술은 합법화하여 권장하고 킬링 로봇 같은 비윤리적인 AI 기술은 불법화하여 제재를 가해야 한다. 또 딥페이크와 같은 AI 기술은 조건부로 허용하여 '성적 허위 영상물' 같이 악용되는 것을 방지해야 한다. 다행히도 몇몇 AI 기술은 유럽의 AI 규제법이나 한국의 AI 기본법이 마련되는 등 법체계 안에 들어오고 있다. 그러나 AI의 기본적인 위협인 인간 대체에 따른 일자리 축소가 인류에게 더 큰 영향을 줄 것으로 예측되고 있다. AI 기업을 포함한 모든 기업이 AI 기술로 생산성이 향상되어 더 효율적으로 상품을 생산해도 일자리를 잃은 소비자들의 소득이 줄어 이를 사지 못한다면 세계 경제는 큰 혼란에 빠질 것이다. 일자리 축소에 따른 실업자 양산은 새로운 일자리를 창출하거나 실업 대책으로 극복할 수 있는데, 이에 필요한 재원 확충(로봇세 도입 등)과 누구나 인간답게 살 수 있는 최저 생활비 지원(기본 소득 등)이 법적으로 해결되어야 할 것이다.

사실 인공지능의 미래는 인공지능을 다룬 여러 영화에서 이미 상상으로 많이 그려지고 있는데, 대부분의 인공지능 관련 영화는 먼 미래 로봇과 인간의 대결이나 전쟁을 다룬 디스토피아적 미래를 그리는 반면, 인간과 로봇의 공생을 다루는 유토피아적 영화도 소수 있다. 예를 들어 디스토피아를 다룬 영화로 〈2001 스페이스 오디세이〉(1968), 〈터미네이터〉(1984), 〈매트릭스〉(1999), 〈A.I.〉(2001), 〈아이로봇〉(2004), 〈엑스 마키나〉(2015), 〈블레이드 러너 2049〉(2017) 등이 있으며 로봇을 긍정적으로 다룬 영화에는 〈바이센테니얼 맨〉(1999), 〈월-E〉(2008), 〈Her〉(2013), 〈로봇 소리〉(2015) 등이 있다.

미래학자 앨빈 토플러는 "미래는 예측하는 것이 아니라 (여러분이) 상상하는(만드는) 것이다(The future cannot be predicted but future can be invented)"라고 하였는데, 이는 인공지능 시대 인류의 미래가 유토피아가 될지 디스토피아가 될지는 전적으로 우리에게 달려 있다고 할 수 있다.

결론적으로, 지능(知能)을 단순한 한자 풀이로 보면 단지 '아는 능력'이라고 할 수 있다. 그러나 인류가 궁극적으로 추구하는 진리는 이런 '지능'보다는 '지혜(智慧)'에 더 가깝다. '지혜 지(智)' 자는 '알 지(知)' 자에 태양을 의미하는 '날 일(日)'자를 추가하여 태양처럼 밝게 비춰서 모든 것이 명확하게 드러나듯 세상의 이치를 명쾌하게 안다는 뜻이 된다. 따라서 사전적 의미의 '지혜'는 "사물의 이치나 상황을 제대로 깨닫고 그것에 현명하게 대처할 방도를 생각해 내는 정신의 능력"이 되며, 이는 인공지능의 위협이 되는 윤리적 문제를 포함하여 옳고 그름을 명쾌히 판단할 수 있는 능력까지 확장한 것이라고 할 수 있다. 따라서 '지능적인 범죄'라는 말은 성립되지만, '지혜로운 범죄'라는 말은 성립되지 않는다. 결국 인류가 추구해야 하는 인공지능의 최종 단계는 지능을 넘어 '인공 지혜(AW, Artificial Wisdom)'가 되어야 할 것이다.

참고문헌

연합뉴스(2024.8.1). 유럽연합(EU) 인공지능(AI) 규제법 주요 내용.

파이낸셜뉴스(2017.1.13). 'AI로봇은 전자인간' EU, 법적지위 부여.

파이낸셜뉴스(2024.12.26). AI 기본법 국회 본회의 통과… '고영향 AI는 어떻게 규정하나.'

한국일보(2024.3.20). '뉴스 사용료 계약 위반' 구글, 프랑스서 3000억 대 벌금 맞았다.

AI TIMES(2024.5.21).영국, 자율주행차 법 제정…"자율주행차 사고는 제조사 책임."

CBS 노컷뉴스(2024.10.10). '딥페이크 성범죄 처벌법' 국무회의

의결…소지·시청만 해도 처벌.
IT동아(2023.12.12). '정부 주도의 첫 AI 규제법'… EU, AI법으로 무분별한 개발 막는다.

김명철

성공회대학교 소프트웨어융합학부 교수다. 한국과학기술원(KAIST)에서 컴퓨터과학 박사 학위를 받았다. 금성소프트웨어(현 LG전자)에서 국내 최초 AI 국책 과제인 '영한 기계번역 시스템 개발'(1988~1992)에 참여했다. 1995년 성공회대학교 교수가 되어 최근까지 '인공지능 개론' 과목을 담당해 왔다. 주요 저서로 『최신 정보검색론』(2015), 『인공지능 이론 및 실제』(2018) 등이 있다.

곽승우

성공회대학교 미래융합학부 인공지능전공 조교수다. 조지아대학교에서 통계학 박사 학위를 받았다. 연구 관심 분야는 데이터 프라이버시를 통한 개인의 프라이버시 보호다. 서울대학교 통계학과 BK21 미래인재교육연구단(2021~2023)과 LAMP 사업단(2023~2024)에 박사 후 연구원으로 참여해 차등정보 보호에 대해 연구했다.